Dreams and Nightmares

Sueños y Pesadillas

Sueños y Pesadillas

HUÍ SOLA A LOS ESTADOS UNIDOS
CUANDO TENÍA CATORCE AÑOS

Liliana Velásquez

*Editado y traducido
por Mark Lyons*

Dreams and Nightmares

I FLED ALONE TO THE UNITED STATES
WHEN I WAS FOURTEEN

Liliana Velásquez

Edited and translated
by Mark Lyons

PARLOR PRESS
EQUIPMENT FOR LIVING
Anderson, South Carolina
WWW.PARLORPRESS.COM

WORKING AND WRITING FOR CHANGE
Series Editors: Steve Parks, Cristina Kirklighter, & Jess Pauszek

The Writing and Working for Change series began during the 100th anniversary celebrations of NCTE. It was designed to recognize the collective work of teachers of English, Writing, Composition, and Rhetoric to work within and across diverse identities to ensure the field recognize and respect language, educational, political, and social rights of all students, teachers, and community members. While initially solely focused on the work of NCTE/CCCC Special Interest Groups and Caucuses, the series now includes texts written by individuals in partnership with other communities struggling for social recognition and justice.

Parlor Press LLC, Anderson, South Carolina
Copyright © 2017 by New City Community Press
Printed in the United States on acid-free paper.

Cataloging in Publication Information on File

2 3 4 5 6 7 8 9

The author of this book recreated events, locales and conversations from personal memories. In order to maintain their anonymity in some instances, the names of individuals and places have been altered to make them un-locatable.

ISBN 978-1-60235-939-0 (paperback)
ISBN 978-1-60235-940-6 (PDF)
ISBN 978-1-60235-941-3 (ePub)

Interior design by P. M. Gordon Associates
Cover by Miriam Seidel
Photograph credits appear at the end of this book.

Parlor Press, LLC is an independent publisher of scholarly and trade titles in print and multimedia formats. This book is available in paper and eBook formats on the World Wide Web at http://www.parlorpress.com or through online and brick-and-mortar bookstores. For submission information or to find out about Parlor Press publications, write to Parlor Press, 3015 Brackenberry Drive, Anderson, South Carolina, 29621, or email editor@parlorpress.com.

Me siento tranquila, desahogada, por haber contado mi historia. Todo lo que estaba en mi mente, todo mi sufrimiento y todos mis sueños— mi destino--ahora está guardado en este libro.

By telling my story, I feel at peace, unburdened. Everything that was on my mind, all of my suffering and all of my dreams—my destiny— now is kept safe in this book.

LILIANA VELÁSQUEZ

Contenido

Introducción *por Mark Lyons*   8

Prólogo   *28*

I   Guatemala   *36*
Villaflor ◆ No Puedo Aguantar Más

II   Mi Viaje   *60*
Preparación ◆ Chiapas ◆ La Bestia ◆ Oaxaca ◆
La Policía Nos Para ◆ Ciudad de México ◆
Al Fin: Altar y La Frontera ◆ Capturada ◆
Casa de los Sueños

III   Filadelfia   *116*
Mi Primera Familia *Foster* ◆ La Puerta Abierta ◆
Mi Nueva Familia ◆ *¡Green Card!* ◆ Mi Nueva
Casa de Sueños ◆ Mi Nueva Escuela Secundaria ◆
Dos Fiestas de Cumpleaños ◆ *Thanksgiving* ◆
La Navidad ◆ Mi Edredón ◆ Mi Novio ◆ El Regreso
del Coyote ◆ Yo Visito a Mis Hermanos ◆
Una Adulta Otra Vez ◆ Mi Segunda Visita a Mis
Hermanos ◆ Ayudando a Mi Familia en Guatemala

IV   Reflexiones   *190*
Se Me Quitó el Miedo ◆ Ahora Tengo Dos
Familias ◆ Realizando Mis Sueños

V   Finalmente, He Contado Mi Historia   *200*

Reconocimientos   *206*

Contents

Introduction *by Mark Lyons*   9

Prologue   29

I   **Guatemala**   37
Villaflor ◆ I Can't Take It Anymore

II   **My Journey**   61
Preparation ◆ Chiapas ◆ The Beast ◆ Oaxaca ◆
The Police Stop Us ◆ Mexico City ◆ Finally: Altar
and the Border ◆ Captured ◆ House of Dreams

III   **Philadelphia**   117
My First Foster Family ◆ *La Puerta Abierta /*
The Open Door ◆ My New Family ◆ Green
Card! ◆ My New House of Dreams ◆ My New High
School ◆ Two Birthday Parties ◆ Thanksgiving ◆
Christmas ◆ My Quilt ◆ My Boyfriend ◆
The Return of the *Coyote* ◆ I Visit My Brothers ◆
An Adult Once Again ◆ My Second Visit to My
Brothers ◆ Helping My Family in Guatemala

IV   **Reflections**   191
I Got Rid of My Fear ◆ Now I Have Two Families ◆
Fulfilling My Dreams

V   **Finally, I Have Told My Story**   201

Acknowledgments   207

Introducción

Introduction

magina esta situación:

Eres una niña de nueve años, vives con tus padres y siete hermanos y hermanas en una casa de barro de una habitación y piso de tierra, en un pueblo de cincuenta familias en las montañas de Guatemala. Tus dos hermanos mayores parten para encontrar trabajo en las plantas empacadoras de Carolina del Norte; tu padre no está bien de salud y cae en el alcoholismo. Te sacan de la escuela en el primer grado para que te ocupes de la casa a tiempo completo—cocinas, cortas y cargas la leña desde las montañas, acarreas el agua desde el río, cuidas a tus cuatro hermanitos y siete cabras. La violencia que existe entre tus padres se vuelve hacia ti, te apalean, unas tijeras vuelan y te dejan una cicatriz en el cráneo. A los catorce tu madre te dice que tienes que casarte e irte, un hombre del pueblo te agarra por el cabello y trata de hacerte su mujer, te las arreglas para escaparte a otro pueblo. Allí, una noche, mientras duermes en la casa donde estás empleada, el hijo de la dueña se te acerca, te cubre la boca y tú escapas de un segundo intento de violación. Desesperada, agarras una botella de pesticida y tu hermanita te detiene justo a tiempo. Tú has oído que en América las cosas son más fáciles para las mujeres y haces planes para marcharte. Te compras unas zapatillas—tus primeros zapatos, tus zapatos para caminar—y planeas tu escape. Nunca has leído un mapa,

magine this:

You are nine years old, living with your parents and seven brothers and sisters in a one-room dirt-floored mud house in a village of fifty families in the mountains of Guatemala. Your two older brothers leave to find work in the packing plants of North Carolina, your father's health fails and he descends into alcoholism. You are pulled out of first grade to take care of the house full-time—cooking, cutting and carrying firewood down from the mountains, hauling water up from the river, watching after your four younger siblings and seven goats. The violence between your parents turns on you, beatings with sticks, a pair of scissors flying through the air that leaves a scar in your skull. At fourteen your mother tells you to leave and get married, a man in the village grabs you by the hair and tries to make you his woman, you manage to flee to another village. There, while asleep in the house you work in, the son of the owner comes in at night, covers your mouth, and you escape from a second attempt to rape you. In desperation, you pick up a bottle of pesticide, your little sister finds you just in time. You have heard that things are easier for women in America and make plans to leave. You buy a pair of sneakers—your first shoes, your walking shoes—and make escape plans. You have never read a map, have no idea how

no tienes idea de cuán lejos está la frontera de los E. U., o cómo llegarás allá; pero empacas tus cosas y cruzas la frontera de México. En el transcurso de tres días, en las montañas de Chiapas, ya los narcos te han robado y golpeado con una pistola. Aprendes a sobornar a los conductores de los autobuses para que te informen dónde está el próximo reten. Viajas en La Bestia—los vagones de carga que van hacia el norte—porque el pasaje es gratis. Sentada sobre un vagón de carga, eres la única mujer entre doscientos hombres. De un salto abordas otro autobús lleno de gente que huye de Centroamérica. Los Federales detienen el autobús; todos están paralizados a la orilla del camino esperando las camionetas que han de enviarlos de vuelta. Tú organizas a los pasajeros, recoges dinero para sobornar a los policías y asegurarles que muy pronto saldrán de su país; ellos les permiten continuar. Te ha tomado tres semanas, pero finalmente llegas a la frontera con los E. U.—dos mil doscientas millas lejos de casa—y encuentras un coyote que te llevará por el desierto de Arizona. Tú y otros ocho "soñadores" siguen hacia adelante, trepas cercas de alambre de púas, caminas por la noche, te escondes durante el día. Mientras descansas a la sombra de un cactus ves los huesos achicharrados de un infortunado viajero. En tu tercer día en el desierto se escuchan los temidos ruidos de los todoterrenos, botas militares, *walkie-talkies*, gritos. Una pistola apunta a tu cabeza, tus manos esposadas a la espalda. Te acarrean hasta un centro de detención. Mientras duermes en un piso de cemento, bajo una lona plástica, sollozas en silencio para que los otros no te escuchen. Estás segura de que tu sueño ha terminado.

Esta es la historia de Liliana Velásquez. Es también la historia de otros 38,759 niños que huyeron de sus hogares en Honduras, Guatemala, El Salvador y México el mismo

far away the U.S. border is, or how you will get there; but you pack your things and walk across the border into Mexico. Within three days you are robbed and pistol-whipped by *narcos* in the mountains of Chiapas. You learn to bribe bus drivers to tell you when the next road-block is. You ride *La Bestia*—the boxcars heading north—because the passage is free. Seated atop a boxcar, you are the lone woman among two hundred men. You hop another bus, filled with people fleeing Central America. The Federales stop the bus; everyone is paralyzed as they sit by the road waiting for the vans to come to send them back. You organize your fellow passengers, collect bribe money, present it to the police and assure them that you'll be out of their country in no time; they let you all continue on. It takes three weeks, but finally you reach the U.S. border, two thousand two hundred miles from home, and you find a *coyote* who will take you across the Arizona desert. You and eight other dreamers head out, climb over barbed wire fences, walk at night, hide during the day. While in the shade of a cactus you see the parched mummified bones of an unfortunate traveler. On your third day in the desert the dreaded noise of four-wheel drives, military boots, walkie-talkies, shouts. A pistol to your head, your hands cuffed behind you. You are carted away to a detention center. As you sleep on a cement floor under a plastic tarp, you sob quietly so others won't hear you. You are sure your dream is over.

This is Liliana Velásquez's story. It is also the story of 38,759 other children who fled their homes in Honduras, Guatemala, El Salvador and Mexico the same year she did, traveled alone—without their parents or other family members—and were arrested by U.S. Immigration officials at the U.S. border. And they have continued to come in unprece-

año en que ella lo hizo—sin sus padres u otro familiar—
y que fueron arrestados por agentes de Inmigración en la
frontera de los E. U. Y continúan llegando en cantidades
sin precedentes—en 2016, 59,692 niños que viajaban solos
fueron detenidos en el desierto, a lo largo de nuestra frontera sur; y 206,962 han sido atrapados en los últimos cuatro

**En 2016, 59,692 niños que viajaban
solos fueron detenidos en el desierto,
a lo largo de nuestra frontera sur.**

años.[1] En respuesta, el gobierno de los E. U. anunció que
esta es una crisis nacional, una ola invasora de niños
extranjeros inundando nuestras fronteras y abrumando las
capacidades de las agencias ejecutivas y de bienestar social.
El Departamento de Seguridad Nacional declaró un Estado
de Alerta de nivel cuatro en respuesta a la emergencia.[2]

¿Por qué vienen estas legiones de niños que se arriesgan
a ser robados o violados o que pueden morir durante su
viaje tortuoso a través de América Central y México, niños a
la merced de traficantes, niños que han escuchado historias
sobre cuerpos achicharrándose en el desierto de Sonora,
niños que saben que muchos serán detenidos en la frontera con los E. U. y enviados de vuelta a sus países de origen? ¿Qué los impulsa a dejar sus comunidades y familias,
a encaminarse solos hacia el norte, cargando una mochila
pequeña y confiando en que encontrarán el camino, que
sobrevivirán? De acuerdo con la opinión generalizada, estos
niños vienen a los E. U. mayormente por razones económi-

1. Estas estadísticas proceden del informe de Aduana y Protección
de Fronteras, "Patrulla Fronteriza del Suroeste de los Estados Unidos: Aprehensiones de Familias, Individuos y Menores No Acompañados, Año Fiscal 2016".

2. WOLA: Oficina de Washington para Asuntos Latinoamericanos,
"Aprehensiones en E.U. de Menores No Acompañados Procedentes
de Cuatro Países Principalmente, 2009—Mayo del 2014".

dented numbers—in 2016, 59,692 children traveling alone were apprehended in the desert along our southern border; and 206,962 have been caught in the last four years.[1]

> In 2016, 59,692 children
> traveling alone were
> apprehended in the desert
> along our southern border.

In response, the U.S. government announced that this is a national crisis, an alien wave of invader children flooding our borders and overwhelming the capacities of enforcement and welfare agencies. The Department of Homeland Security declared a "Four level condition of readiness" to respond to the emergency.[2]

Why do they come, these legions of children who risk robbery or rape or death along their tortuous journey through Central America and Mexico, are at the mercy of smugglers, who have heard stories of bodies baking in the Sonoran Desert, who know that many will be caught at the U.S. border and sent back home? What drives them to leave their communities and families and head north by themselves, carrying a small backpack and faith that they will find their way, that they will survive? The conventional wisdom is that these children come to the United States primarily for economic reasons. But when they tell their stories, the answer becomes much more complicated. In fact, many are fleeing violence in their communities, per-

1. Statistics are from the U.S. Customs and Border Protection report, "United States Border Patrol Southwest Family Unit Subject and Unaccompanied Alien Children Apprehensions, Fiscal Year 2016."

2. WOLA: Washington Office on Latin America, "U.S. Apprehensions of Unaccompanied Minors from Top Four Countries, 2009— May 2014."

cas. Pero cuando ellos cuentan sus historias, la respuesta se vuelve mucho más complicada. De hecho, muchos dejan sus comunidades huyendo de la violencia perpetrada por pandillas, redes de narcotráfico y vestigios de guerras civiles. Muchos huyen de la violencia insufrible en sus familias. Otros se van porque viven en un nivel de pobreza inimaginable en los E. U. Este no es simplemente un asunto de inmigrantes en busca de oportunidades económicas—es un asunto de refugiados, de gente que huye de su país porque ya no es seguro o viable quedarse allí. Están huyendo para sobrevivir.[3] Esta es una crisis humanitaria.

¿Qué ocurre con estos niños después de ser detenidos por las autoridades de Aduana y Protección de la Frontera? Primero, se les asigna el estatus legal de *U.A.C: Niño Extranjero no Acompañado*—un menor de menos de dieciocho años de edad, que viaja solo, que entra a los Estados Unidos sin documentos legales. Luego son puestos en detención y su caso pasa al Departamento de Salud y Servicios Humanos mientras las cortes de Inmigración deciden si han de deportarlos a su país de origen. Son mantenidos en detención—a veces durante meses—hasta que se localice a un familiar en los Estados Unidos o hasta ser colocados temporeramente con una familia de acogida.

Eventualmente estos niños van ante un juez de Inmigración quien tiene tres opciones: (1) deportar al niño a su país de origen; (2) concederle asilo en caso de que la niña esté en peligro de persecución o daño severo de regresar a su país; y (3) concederle el Estatus de Inmigrante Juvenil Especial (SIJS) por haber sido víctima de abuso, negligencia o abandono por uno o ambos padres. Contrario a los procesos judiciales en otras cortes civiles que envuelven a jóvenes o adultos americanos acusados de crímenes, los

3. Alta Comisión de la ONU para los Refugiados (UNHCR), Washington, DC, y la Conferencia de Obispos Católicos de los E. U.

petrated by gangs and narcotics rings and vestiges of civil wars. Many flee insufferable violence in their families. Others leave because they live in a level of poverty unimaginable in the United States. This is not simply an issue of immigrants seeking economic opportunity—it is a refugee issue, of people fleeing their homeland because it is no longer safe or viable to live there. They are fleeing to survive.[3] This is a humanitarian crisis.

What happens to these children once they are apprehended by U.S. Customs and Border Protection? First, they are assigned the legal status of *UAC*: *Unaccompanied Alien Child*—a minor under eighteen, traveling alone, who enters the United States without legal papers. Then they are placed in detention, and their case is taken up by the Department of Health and Human Services while the immigration courts decide whether to deport them to their home country. They remain in detention—often for months—until a family member in the U.S. is found, or until they temporarily are placed with a foster family.

Eventually these children go before an Immigration judge, who has three options: (1) deport the child back to their home country; (2) grant the child asylum because she faces prosecution and severe danger if returned to her homeland; and (3) grant Special Immigrant Juvenile Status (SIJS) because she has been abused, neglected or abandoned by one or both of her parents. Unlike other civil court proceedings involving American youth or adults accused of crimes, undocumented children have no right to a lawyer—they are expected to represent themselves in immigration court. Undocumented and unaccompanied minors can only get a lawyer if they can pay for it, or have the support

3. United Nations High Commission on Refugees (UNHCR), Washington, D.C., and United States Conference of Catholic Bishops (USCCB).

Los niños indocumentados no tienen derecho a un abogado—se espera que ellos mismos se representen en la corte de Inmigración.

niños indocumentados no tienen derecho a un abogado—se espera que ellos mismos se representen en la corte de Inmigración. Los menores solos e indocumentados pueden tener un abogado si pueden pagarlo o si cuentan con la asistencia de organizaciones de derechos de los inmigrantes o mediante representación legal gratuita. Solo uno en tres de todos estos niños finalmente recibe representación legal—los demás tienen que arreglárselas por su cuenta cuando se presentan a la corte.

Entonces, esta es la situación: una niña pobre, casi siempre con poca instrucción formal, que no habla inglés, se enfrenta en la corte a un experto fiscal del gobierno de los E. U. que se expresa en el lenguaje arcano y complejo de las leyes de inmigración y que se empeña en deportarla. El no tener derecho a un abogado tiene los resultados predecibles: un 85% de los niños sin representación legal termina deportado; 73% de los niños con representación legal recibe el estatus de asilado o SIJS, y se le permite permanecer en los E. U.[4]

Conocí a Liliana Velásquez cuatro meses después de que ella llegara a Filadelfia para residir en un hogar de acogida mientras esperaba la decisión de la Corte de Inmigración en cuanto a deportarla o permitirle permanecer en el país. Ella había comenzado a participar en un programa llamado La Puerta Abierta—*The Open Door*. Este programa, administrado por una notable terapista familiar llamada Cathi Tillman, es un refugio para niños que se encuentran en la misma situación que Liliana: niños que han huido solos de

4. Asociación Americana de Abogados, Comisión para la Inmigración, 2015.

**Undocumented children have
no right to a lawyer—
they are expected
to represent themselves
in immigration court.**

of immigration rights organizations or pro bono lawyers. Only one out of three of these children ultimately has legal representation—the rest must fend for themselves when they show up in court.

So, this is the scenario: a poor, often uneducated, child who speaks no English faces off in court against a trained U.S. government prosecutor who uses the arcane and complex immigration laws to demand her deportation. Having no right to an attorney has predictable outcomes: 85% of children with no legal representation end up being deported. 73% of children who have a lawyer obtain asylee or SIJS status and are allowed to remain in the United States.[4]

I met Liliana Velásquez four months after she came to Philadelphia to be placed in a foster home while awaiting the decision of the Immigration court about whether to deport her or allow her to stay in the country. She had begun to participate in a program called *La Puerta Abierta*—The Open Door—run by a remarkable family therapist named Cathi Tillman. LPA is a safe harbor for children in the same boat as Liliana, who have fled Mexico or Guatemala or El Salvador or Honduras alone, were captured by the U.S. Border Patrol, and are at the mercy of the Immigration authorities.

When I heard of the work of *La Puerta Abierta*, I approached Cathi about the possibility of creating some short

4. American Bar Association, Commission on Immigration, 2015.

México o Guatemala o El Salvador u Honduras, que fueron capturados por la Patrulla Fronteriza y se hayan a la merced de las autoridades de Inmigración.

Cuando me enteré del trabajo de La Puerta Abierta, hablé con Cathi acerca de la posibilidad de crear algunos videos cortos con los chicos de su programa, de darles a ellos la oportunidad de contar sus historias. Por los últimos treinta años he trabajado con trabajadores agrícolas migrantes, refugiados e inmigrantes indocumentados, como organizador y proveedor de servicios de salud, y he escuchado historias apremiantes acerca de sus vidas en sus países de origen, los riesgos que tomaron para venir a los Estados Unidos, y los retos que enfrentan aquí tratando de proporcionar una vida mejor a sus familias. Determiné trabajar con estas comunidades para ayudarles a relatar sus historias, a tener una voz dentro del actual y furioso debate sobre la inmigración. Edité *Espejos y Ventanas / Mirrors and Windows*, un libro de historias orales de los trabajadores agrícolas mexicanos; y como director del *Philadelphia Storytelling Project* por los últimos doce años, he trabajado con la comunidad inmigrante para crear historias en audio que documentan sus vidas.

Me reuní con los adolescentes de La Puerta Abierta y ellos decidieron que sí, querían grabar sus historias. Liliana cantó una canción que ella había escrito acerca de su deseo de reunirse con sus hermanos en Carolina de Norte. Un año y medio más tarde ella vino a una lectura que yo hacía de mi colección de cuentos cortos, *Elegías Breves en Altares al Borde del Camino (Brief Eulogies at Roadside Shrines)*, y me dijo: "Yo quiero contar mi historia y escribir un libro—¿me ayudarás?" Por supuesto.

Durante los próximos catorce meses Liliana y yo nos reunimos más de cuarenta veces. Durante las primeras sesiones solamente charlamos, nada fue escrito o grabado. *¿Por qué quieres contar tu historia? ¿Para quién es la historia? ¿Quién es tu público? Este es un asunto arriesgado—¿estás lista para relatar*

videos with the kids in her program, a chance for them to tell their stories. Over the last thirty years I have worked with migrant farmworkers, refugees and undocumented immigrants, as an organizer and health provider, and have listened to compelling stories about their lives back home, the risks they took to come to the United States, and the challenges they faced trying to make a better life for their families here. I became determined to work with these communities to help them tell their stories, to have a voice in the immigration debate that is raging around us. I edited *Espejos y Ventanas/Mirrors and Windows*, a book of oral histories of Mexican farmworkers; and, as director of the Philadelphia Storytelling Project for the last twelve years, have worked with the immigrant community to create audio stories documenting their lives.

So, I met with the teens at *La Puerta Abierta*, and they decided, yes, they wanted to record their stories. Liliana sang a song she wrote about wanting to re-unite with her brothers in North Carolina. A year and a half later she came to a reading I was doing from *Brief Eulogies at Roadside Shrines*, my short story collection, and said, "I want to tell my story, to write a book—will you help me?" Of course.

Liliana and I met over forty times over the next fourteen months. We just chatted the first few sessions, no writing, no recording. *Why do you want to tell your story? Who is the story for, who is your audience? This is risky business—are you ready to talk about the painful parts of your story, your feelings, your dreams—the places where people will really know who you are? How do you feel about sharing your story with complete strangers? How shall we begin? How would you like me to help you tell your story?* I assured Liliana that she would have complete control of her story: what to include and not to include; what photos to use; the cover design; how her book would be shared in the larger world. *This is a huge project we're taking on here, hours and hours of work—are you up for it?* I asked for descriptions,

las partes dolorosas de tu historia, tus sentimientos, tus sueños? ¿Estás preparada para hablar de lugares donde la gente habrá de saber quién eres? ¿Cómo te hace sentir el hecho de que vas a compartir tu historia con gente totalmente desconocida? ¿Cómo comenzaremos? ¿Cómo quieres que te ayude a relatar tu historia? Le aseguré a Liliana que ella tendría el control completo sobre su historia: qué incluir y qué dejar fuera; cuáles fotos usar; el diseño de la portada; cómo su libro sería compartido con todo el mundo. *Este es un proyecto gigantesco el que estamos comenzando, horas y horas de trabajo—¿estás lista para esto?* Le pedí descripciones, sentimientos, reflexiones. *Esa escena que acabas de describir es excelente—definitivamente debemos incluirla en tu historia.* Me di cuenta de que esta joven, esta adolescente, poseía un talento extraordinario para el detalle y que entendía la importancia de eso; que ella era lo suficientemente valiente como para hablar de sentimientos concernientes a recuerdos dolorosos, y que contestaba gustosamente a preguntas exploratorias con las que yo buscaba información que hiciera su historia más vívida. Comenzamos a sentirnos más cómodos, comenzamos a reír. El tiempo que pasamos juntos pasó de ser una entrevista rígida a una conversación relajada. Entonces supe que estábamos listos para comenzar.

Nuestro trabajo procedió así: nos reuníamos en casa de Lili cada una o dos semanas para grabar partes de su historia en español. Ella decidió que quería comenzar hablando de su huida de Guatemala y su viaje a través de México. Después hablaría de su vida en el hogar de acogida en Filadelfia mientras esperaba la decisión de la corte en cuanto a su deportación. Finalmente regresaría a la parte más difícil de la historia—su vida allá en Guatemala. Yo grababa nuestras conversaciones y transcribía y editaba la sesión. Entonces le pasaba a ella un borrador—usualmente tres o cuatro páginas—en el que ella leía y escribía sus propios comentarios. Las sesiones subsiguientes tenían dos compo-

feelings, reflections. *That's a great scene you just described—we should definitely include that in your story.* I realized that this young woman, this teenager, had a remarkable memory for detail and understood why that was important, that she was brave enough to talk about her feelings concerning painful memories, and welcomed questions probing for more detail that would make her story alive. We began to relax with each other, to laugh. Our time together moved from the stiffness of an interview to having a conversation. Then I knew we were ready to begin.

This is how we worked: we met at Lili's house every week or two and recorded parts of her story in Spanish. She decided she wanted to begin talking about fleeing Guatemala and her trip through Mexico. Then she would talk about living in foster care in Philadelphia while awaiting a court decision about her deportation. Finally, she would return to the most difficult part of her story—life back home in Guatemala. I recorded our conversations and transcribed and edited our session. I then gave her a print-out of her edited story—usually three or four pages—which she read and wrote comments on. Subsequent sessions had two components: first, we reviewed her comments on the draft I had given her, which then became edits for a final draft; and we continued recording her story. Record and review, record and review—the rhythm of our time together. As we moved toward the conclusion of her story, I felt that something was missing: what did this process—this sharing of her life—mean to her, how did it change her view of herself and her world? We added one final chapter—*Reflections*—in which she talks about how her story is a message to herself about her ability to dream and survive; it is a message to North Americans who know little about the lives of immigrants who must flee their countries; it is a message to fellow immigrants, her *compañeros* on their mutual journey;

nentes: primero revisábamos sus comentarios al borrador que yo le había dado, y estos se convertían en revisiones para el borrador final. Luego continuábamos grabando la historia. Grabar y revisar, grabar y revisar—fue el ritmo de nuestras reuniones. A medida que nos acercábamos a la conclusión de su historia yo sentía que faltaba algo: ¿Qué era lo que este proceso—este compartir de su vida—significaba para ella, cómo es que esto cambió el modo en que se ve a sí misma y a su mundo? Añadimos un capítulo final—*Reflexiones*—en el que ella habla de cómo su historia es un mensaje para sí misma acerca de su habilidad para soñar y sobrevivir; es un mensaje para los norteamericanos que saben muy poco sobre las vidas de los inmigrantes que tienen que huir de sus países; es un mensaje para sus compañeros inmigrantes, sus compañeros de viaje; es una carta de amor, remordimiento y perdón para su familia en Guatemala; y una carta de gracias para la gente al norte de la frontera quienes la han ayudado a lo largo del camino. Liliana me miró y asintió: su historia estaba acabada. Entonces una revisión más y unos pocos cambios al manuscrito final. Me asombraban el cuidado y la seriedad con que ella revisaba y comentaba los borradores que yo le había entregado, y tenía que recordarme a mí mismo que ella solo había tenido un año de instrucción formal allá en Guatemala. Finalmente, después de ponernos de acuerdo en cuanto al borrador final en español, yo traduje su historia al inglés. Después de esto, Liliana y yo trabajamos con el equipo de producción en *New City Community Press*, en la selección de fotos, en la revisión de la maquetación y diseño de portada. Liliana aprobó formalmente cada etapa del proceso.

Con la excepción de alguna frase transicional, la historia de Liliana aparece totalmente en sus propias pala-

**La historia de Liliana aparece totalmente
en sus propias palabras.**

it is a letter of love, remorse and forgiveness to her family in Guatemala; and a letter of thanks to the people north of the border who have helped her along the way. Liliana looked at me and nodded: her story was finished. Then one more review of the final manuscript, a few changes added. I was amazed at the care and seriousness with which she reviewed and commented on the drafts I had given her, and had to remind myself that she had but one year of formal education in Guatemala. Finally, after we both agreed on the final draft in Spanish, I translated her story into English. Then Liliana and I worked with the production team at New City Community Press, choosing photos, reviewing the layout and cover design. Liliana signed off on each step of the process.

Except for an occasional transitional phrase, Liliana's story is entirely in her own words. As interviewer and

**Liliana's story is entirely
in her own words.**

guide, my role was to help her explore her story more deeply, share feelings and reflections, and enrich her story with more detail, descriptions, scenes and dialogue. As editor, I worked to provide an arc to her story, eliminated redundancies, and ordered her story into chapters and sections which reflected the external reality of her experiences and the internal reality of what she felt and learned, how she grew.

Liliana and I became friends. When you read her story, you will understand why—that's what happens when people share stories.

Liliana's story is uniquely hers, but it is also the story of thousands of children who have fled violence and poverty in their home country to make a safer life in the United States. In this time when the issue of undocumented

bras. Como entrevistador y guía, mi trabajo consistió en ayudarla a explorar su historia con mayor profundidad, a compartir sus sentimientos y reflexiones, y a enriquecer su historia con más detalles, descripciones, escenas y diálogo. Como editor, trabajé para darle forma a su historia, eliminé redundancias y ordené su historia en capítulos y secciones que reflejaran la realidad externa de sus experiencias y la realidad interna de lo que ella sintió y aprendió, lo que la ayudó a crecer.

Liliana y yo nos hicimos amigos. Cuando lea su historia, usted comprenderá el por qué—eso es lo que ocurre cuando se comparten historias.

La historia de Liliana es únicamente suya, pero es también la historia de miles de niños que han huido de la violencia y la pobreza en sus países para lograr una vida más segura en los Estados Unidos. En estos tiempos, cuando el asunto de la inmigración está causando grandes divisiones en nuestro país, se ha escrito mucho sobre los indocumen-

La historia de Liliana tiene que ser parte de nuestra conversación nacional.

tados, pero las voces de ellos apenas se han escuchado. La historia de Liliana tiene que ser parte de nuestra conversación nacional.

Mark Lyons, Editor

**Liliana's story needs to be
part of our national
conversation.**

immigrants is causing great divisions within our country, much is written about them; but little is told by them in their own voice. Her story needs to be part of our national conversation.

Mark Lyons, Editor

Prólogo

El fin del viaje: los migrantes entran al desierto de Arizona

The end of the journey: migrants enter the Arizona desert

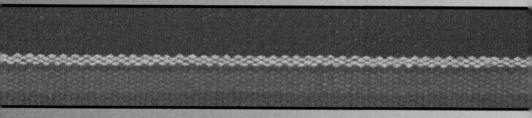

Prologue

Cuando entramos al desierto, le dije a Dios, *Quiero llegar a los Estados Unidos, no quiero regresar.* Sentí un gran dolor por haber dejado a mi familia, y ellos no sabían dónde yo estaba; pero tenía mucha fe para ir adelante, para seguir mi camino. Las ocho personas con que viajaba eran puros desconocidos para mí—solo las había conocido dos días antes en el pueblo de Altar, en el lado mexicano de la frontera.

Eran las cinco de la tarde y habíamos caminado en el desierto por horas. Finalmente, llegamos a un zanjón donde nos pudimos esconder. Wilmer, nuestro coyote, nos explicó que no debíamos mirar para arriba, porque había cámaras que podían captar la reflexión de los ojos. Comimos, y nos quedamos descansando por dos o tres horas, y cuando oscureció, seguimos caminando. No había estrellas ni luna, y no podíamos usar un foco. Era peligroso, porque había tantos zanjones llenos de cactus con espinas y culebras. Me caí dos veces. Finalmente llegó la mañana—veinticuatro horas sin dormir. Me sentía cansada, pero ya íbamos avanzando mucho. En la mañana seguimos caminando. Brincamos una verja pequeña, hecha de alambre con espinas; entonces vinimos a otra verja grande de dos metros de altura—la frontera. No era difícil subirla, porque había una abertura. Crucé la frontera de los Estados Unidos el veinte de enero—dieciséis días después de que salí de mi pueblo de Villaflor, en Guatemala, e iba al norte sola. No había tiempo para celebrar nuestra llegada a los Estados Unidos—tenía-

When we entered the desert, I said to God, *I want to get to the United States, I don't want to go back.* I felt a great sadness because I had left my family, and they didn't know where I was; but I had a lot of faith to continue on, to follow my path. The eight people I was traveling with were all strangers to me—I had just met them two days before in the village of Altar, on the Mexican side of the border.

It was five in the afternoon, and we had walked in the desert for hours. Finally, we came to a ravine where we could hide. Wilmer, our *coyote*, explained that we shouldn't look up, because there were cameras that could spot the reflection of our eyes. We ate and rested for two or three hours, and when it got dark, we continued walking. There were no stars or a moon, and we couldn't use a flashlight. It was dangerous because there were so many ravines full of thorny cactuses and snakes. I fell two times. Finally it was daybreak—twenty-four hours without sleep. I felt tired, but we were really making progress. We kept on walking in the morning. We climbed over a short fence made of barbed wire; then we came to another big fence, six feet high—the border. It wasn't hard to get over it because there was an opening. I crossed into the United States the twentieth of January—sixteen days after I walked out of my village of Villaflor, in Guatemala, and headed north alone. There wasn't time to celebrate our arrival to the United States—we had to worry about surviving and avoiding Immigration. I didn't think about my family, about anything,

mos que preocuparnos con sobrevivir y evitar la Migra. No pensaba en mi familia, en nada, solo me enfocaba en mí misma, en ser fuerte. No me importaba lo demás.

De allí tuvimos que correr más rápido. Mi mochila pesaba demasiado, porque llevaba un galón de agua y una botella de *Gatorade*, y contenía mi ropa y comida. Al mediodía paramos un ratito para descansar y comer, y cada quien buscó un lugar para esconderse en la sombra. De donde yo estaba sentada entre las espinas de un nopal, vi un esqueleto de un muerto—estaba muy viejo y no tenía nada de carne, solo había huesos. Nunca había visto un muerto,

**En ese momento, yo entendí la realidad—
que se puede morir en el desierto.**

y me dio un escalofrío. Allá, en ese momento, yo entendí la realidad—que se puede morir en el desierto. Pero cuando uno viene al desierto, no puede preocuparse si va a morir, solo puede pensar en sobrevivir, en dónde va a llegar.

Después de dos horas, caminamos otra vez, entonces se rompió mi botella de agua con una espina, y perdí mucho de mi agua. Después, otras personas compartieron su agua conmigo. Y todavía llevaba una botella de *Gatorade* en mi mochila.

Seguimos caminando y corriendo esa noche, nuestra segunda noche en el desierto. Estaba totalmente agotada—no podíamos dormir por miedo de que la Migra nos pudiera agarrar. Entre nosotros no teníamos conversaciones, teníamos que caminar en silencio. Al fin descansamos dos horas durante la noche, pero no tenía nada para protegerme del frío. Comimos—comí frijoles con tortilla, una manzana y yogurt. Al amanecer, seguimos corriendo muy rápido otra vez. Yo estaba feliz, porque ya otra noche había pasado, y todo iba bien.

De repente escuché un ruido—alguien caminando muy cerca. También el sonido de gente hablando en una radio. ¡La Migra! Todos corremos a diferentes lugares. Traté de

I had to focus on myself, on being strong. Nothing else mattered.

From there, we had to run really fast. My backpack weighed too much because I was carrying a gallon of water and some bottles of Gatorade and it was full of food and clothes. At noon we stopped for a while to rest and eat, and each person looked for a place to hide in the shade. From where I was sitting among the thorns of a nopal cactus, I saw a skeleton of a dead person—it was really old and didn't have any flesh, there were only bones. I had never seen a dead person, and it gave me a chill. At that moment

**At that moment I understood the reality—
that one can die in the desert.**

I understood the reality—that one can die in the desert. But when one comes into the desert, she can't be worried about dying, she can only think about surviving, where she is going to get to.

After two hours, we continued walking, then my bottle of water was punctured by a thorn and I lost most of my water. After that, other people shared their water with me. And I was still carrying a bottle of Gatorade in my backpack.

We continued walking and running that night, our second night in the desert. I was totally exhausted—we couldn't sleep for fear that *la migra* might catch us. We didn't talk among ourselves, we had to walk in silence. Finally we rested for two hours during the night, but I didn't have anything to protect me from the cold. We ate—I had beans with tortillas, an apple and yogurt. At sunrise we started running really fast again. I was happy, because now another night had gone by and everything was going along OK.

Suddenly I heard a noise—somebody walking really close by. And the sound of people talking on a radio. Immi-

pegarme a Wilmer, porque él tenía mucha experiencia, pero por alguna razón nos separamos, y yo estaba sola. Me quedé escondida bajo un cactus, y dos policías vestidos como soldados me encontraron. Uno me puso su pistola en la cabeza, y me dijo, *"¡Move it!"* Me dio un pánico, estuve aterrorizada. Pero no lloré.

Otros policías agarraron tres muchachos más, pero el coyote y tres personas se escaparon. Nos arrestaron y nos amarraron las manos atrás con esposas. No entendí qué estaban diciendo porque solo hablaban inglés. Sacaron todas las cosas de nuestras mochilas para ver lo que habíamos traído, entonces tiraron todas nuestras pertenencias en un basurero y nos entregaron nuestras mochilas vacías. Pero yo había guardado mi Biblia en mi suéter y nadie la vio. Y tenía puestos dos pantalones juntos y mis zapatos, y agarré el otro pantalón y lo escondí debajo de mi suéter. Así pude guardar todas mis cosas, con la excepción de la comida.

Nos empujaron, no nos trataban bien. Nos forzaron a caminar rápido por una hora para llegar a los carros de la Patrulla Fronteriza. Yo andaba esposada y llena de espinas de cactus. Tenía mucha sed—ya no tenía agua, después de haber caminado por el desierto. Estaba sudando y temblando con la boca amarga, pero la policía no nos dio agua.

Ese momento para mí fue muy difícil. Estaba aterrorizada y sentí que todos mis sueños se habían acabado—me iban a deportar. Sentí un frío, no me quedé pensando en nada. Traté de tranquilizarme y le dije a Dios, *Solo tú sabrás qué vas a hacer conmigo. Estoy en tus manos.* Me sentía completamente sola.

Empezó a llover. Era como un milagro. Para mí ese aguacero era una señal de que Dios estaba escuchándome y que iba a quedarme en los Estados Unidos.

Entonces nos encerraron dentro de la furgoneta de policía.

Tenía catorce años.

gration! We all ran in different directions. I tried to stick with Wilmer, because he had a lot of experience, but for some reason we got separated and I was alone. I hid under a cactus, and two police dressed like soldiers found me. One put a pistol to my head and said, "Move it!" I panicked, I was terrified. But I didn't cry.

Then some other police caught three more of us, but the *coyote* and three other people got away. They arrested us and bound our hands behind us with handcuffs. I didn't understand what they were saying because they only spoke English. They took everything out of our backpacks to see what we had brought, then they threw all of our belongings into a trashcan and returned our empty packs to us. But I had kept my Bible in my sweater, nobody saw it. I was wearing two pairs of pants and my shoes, and I grabbed another pair of pants and hid it underneath my sweater. So, I was able to keep all of my things, except my food.

They pushed us around, they treated us badly. They forced us to walk really fast for an hour to get to the Border Patrol cars. I was walking handcuffed and full of cactus thorns. We were really thirsty—I didn't have water anymore, after having walked through the desert. I was sweating and trembling and my mouth tasted bitter, but the police didn't give us any water.

That moment was very difficult for me. I was terrified and I felt like all of my dreams had ended—they were going to send me back. I felt a coldness, I wasn't thinking of anything. I tried to calm down and I said to God, *Only you know what is going to happen to me. I am in your hands.* I felt completely alone.

It began to rain. It was like a miracle. For me that cloudburst was a sign from God that he was listening to me, and that I was going to stay in the United States.

Then they locked us up in the police van.

I was fourteen years old.

Guatemala

Mi casa en Villaflor
My home in Villaflor

Guatemala

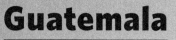

Villaflor

Yo crecí en Villaflor, una aldea en Guatemala que estaba en las montañas muy cerca de la frontera con el estado de Chiapas, México. Era un pueblo muy pequeño que no tenía una plaza, y donde había más o menos cincuenta casas y dos tiendas pequeñas donde se puede comprar cosas como arroz, papel sanitario, galletas, aceite, sodas y dulces para los niños. Había dos iglesias—una iglesia católica muy chica y una iglesia de Cristo que era aún más pequeña. La escuela no tenía una cancha, y había dos salones con más o menos cien estudiantes. Los maestros no tenían suficiente educación para enseñarnos—duraban no más que quince días, y no regresaban a su clase. Y luego otro maestro venía y duraba dos semanas o un mes. Era una comunidad muy pobre sin teléfono ni electricidad—al fin la electricidad llegó un poco antes de que yo me fuera. No hubo una carretera por muchos años, pero al fin construyeron una de tierra. No había agua, todo tenía que ser acarreado en la cabeza desde el río.

Mi mamá y mi papá se casaron cuando tenían dieciséis años. En total tuvieron nueve hijos—cuatro hombres y cinco mujeres. Las mayores eran Elsa y Leticia, que se habían ido de la casa cuando yo era muy joven. Entonces vinieron Jesús, Gabriel, Galindo y Orlando. Y luego seguí yo, y finalmente siguieron Dalila y Orfalinda. Nací en la cocina, cerca del fuego que usábamos para cocinar. Como no

Villaflor

I grew up in Villaflor, a village in Guatemala, which was in the mountains very close to the border with the state of Chiapas, Mexico. It was a very small village without a plaza that had about fifty houses and two small stores where you could buy things like rice, toilet paper, crackers, cooking oil, sodas and sweets for the kids. There were two churches—a little Catholic church and a Church of Christ that was even smaller. The school didn't have a playing field and there were two rooms with more or less a hundred students. The teachers weren't educated enough to teach us—they lasted no more than fifteen days, then they didn't return to class. Then another teacher came and lasted for two weeks or a month. It was a very poor community, without telephones or electricity—finally there was electricity just before I left. For many years there was no road, but at last they did build a dirt road. There was no water, everything had to be hauled on top of your head from the river.

My mother and father got married when they were sixteen. In all they had nine children—four boys and five girls. The oldest were Elsa and Leticia. who moved away when I was really young. Then came Jesús, Gabriel, Galindo, and Orlando. I followed, and finally came Dalila and Orfalinda. I was born in the kitchen, next to the fire that we used for cooking. Because there was no hospital in my village, most of the families had their babies in the kitchen. As was the

había un hospital en mi pueblo, la mayoría de las familias tenía sus bebés en la cocina. Como era la tradición, mis padres enterraron mi placenta allá en la tierra, cerca del fuego.

Mis padres construyeron una casa de tierra en Villaflor, con un piso de tierra. Tenía un cuarto para dormir y una cocina. No teníamos luz y el baño estaba afuera. En el cuarto solo había tres camas donde dormían siete hijos y

En el cuarto solo había tres camas donde dormían siete hijos y dos padres.

dos padres, así que no había ninguna privacidad. Nuestras camas eran de palos, y no había colchones. Para hacerla más cómoda, tuve que inventar un colchón. Corté y junté paja de trigo, y entonces cosí cinco bolsas grandes hechas de yute y puse la paja adentro. Ya tenía mi colchón.

Mi mamá y papá iban a buscar trabajo en otros pueblos, como recoger café en la finca, porque en mi pueblo no había trabajo. Mi papá era carpintero también, pero apenas podía encontrar trabajo. Mi mamá sembraba verduras e iba a las casas para venderlas. Cuando yo tenía como nueve años mi papá se enfermó y dejó de trabajar, y mi mamá empezó un negocio de ropa—cosía la ropa en casa y la vendía en un tianguis en el pueblo pequeño de Pavencul, en México—dos horas a pie de Villaflor. Mis dos hermanos mayores se encargaban de cuidar a los chicos. Ellos hacían la comida y a veces lavaban la ropa. También iban a trabajar en el campo, sembrando trigo, maíz y papas. Entonces mis hermanos decidieron irse a los Estados Unidos para buscar trabajo y mi mamá sufría mucho, porque ella los adoraba. Entonces me quedé a cargo de la casa—como dije, yo tenía nueve años.

Cuando mis dos hermanos mayores se fueron, solo quedamos yo y mis dos hermanitas y dos hermanitos—cinco hijos. Yo estaba encargada de ellos y de la casa. Veía

tradition, my parents buried my afterbirth there in the earth, next to the fire.

My parents built an adobe house with a dirt floor in Villaflor. It had one room for sleeping and a kitchen. We didn't have light and the toilet was outdoors. In the bedroom there were only three beds where seven children and two parents slept together, so there wasn't any privacy.

In the bedroom there were only three beds where seven children and two parents slept together.

Our beds were made of planks, and there weren't any mattresses. In order to be more comfortable, I had to invent a mattress. I cut down and gathered some wheat straw, and then I sewed five big bags made from jute and put the straw inside. Now I had my mattress.

My mother and father looked for work in other towns, picking coffee on farms, because there was no work in my village. My father was a carpenter, too, but he could hardly find work. My mother also grew vegetables and went from house to house to sell them. When I was about nine years old my father got sick and stopped working, and my mother started a clothing business—she sewed the clothes at home and sold them in the market in the little town of Pavencul, in Mexico—two hours walk from Villaflor. My two older brothers were in charge of taking care of the kids. They made the meals, and sometimes they washed the clothes. They went to work in the fields, too, harvesting wheat, corn and potatoes. Then my brothers decided to go to the United States to look for work, and my mother suffered a lot, because she worshipped them. Then I was left in charge of the house—as I said, I was nine years old.

When my two older brothers went away, just my two little brothers and two little sisters and I remained—five children. I was responsible for them and the house. I saw

cómo mi mamá llegaba de su trabajo muy cansada, estaba muy estresada y padecía de nervios. A veces se molestaba y nos regañaba mucho. Para poder ayudarle más, me levantaba muy temprano en la mañana, como a la una, para cocinar el desayuno. Tenía miedo porque estaba oscuro y no había luz. Me levantaba para hacer las tortillas—era un proceso muy largo. Primero encendía el fuego de leña de pino en la plancha, así podía ver por la luz del fuego. Había mucho humo con el olor del pino. Entonces tenía que lavar el maíz, moler el maíz a mano, y hacerlo en masa fina—tomaba dos horas. Hacía tortillas todos los días. Ya para la seis de la mañana el desayuno tenía que estar listo, porque mis otros hermanitos todavía estaban yendo a la escuela. La comida nunca alcanzaba porque éramos muchos. Mis hermanitos iban a la escuela y mi mamá se iba a trabajar. En ese tiempo yo todavía iba a la escuela. Cuando regresaba de la escuela, me iba al bosque para buscar leña. Cortaba la leña con un machete y la llevaba en la cabeza o en la espalda—algunas veces caminaba hasta una hora con la leña en las puras montañas. Pesaba mucho. Entonces llevaba el agua del río en un cántaro en la cabeza. Al fin, tenía que cuidar a los siete chivos que teníamos.

Después de que yo había ido a la escuela por un año, mi mamá me dijo que no podía asistir más—ella necesitaba mi ayuda en la casa. Ella pensaba que para las mujeres los estudios no eran importantes—el trabajo de las mujeres era ser ama de casa. Esa actitud era común en la cultura de mi pueblo. Ella me dijo, "Solo los hombres deben estudiar. Para ti, la educación no es útil. Tienes que ayudarme antes de casarte y salir de la casa". Yo tenía muchas ganas de ir a la escuela, y el año que asistí, estudiaba mucho y terminaba mis tareas primero que los demás. El maestro me apreciaba mucho, y le decía a mi papá que yo era una niña muy inteligente y que debería seguir con mis estudios. Mi papá estaba de acuerdo con que yo siguiera estudiando, pero no

how my mother returned from work very tired, how she was so stressed and suffered from nerves. At times she got upset and nagged us a lot. In order to help her more, I woke up very early, about one o'clock in the morning, to cook breakfast. I was afraid because it was dark and there was no light. I got up to make tortillas—it was a very long process. First, I lit the pine firewood in the stove, so I could see by the light of the fire. There was a lot of smoke and the smell of pine. Then I had to wash the corn, grind it by hand and make it into a fine *masa*, or dough—it took two hours. I made tortillas every day. Then at six o'clock breakfast had to be ready, because my other brothers and sisters already were going to school. There was never enough food, because there were so many of us. My brothers and sisters went to school and my mother went out to work. At that time I was still going to school. When I returned from school I went to the forest to look for firewood. I cut the wood down with a machete, and loaded it on my head or my back—sometimes I walked with the wood up to an hour in sheer mountains. It really weighed a lot. Then I carried the water from the river in a jug on top of my head. Finally, I had to take care of the seven goats that we had.

After I had gone to school for a year, my mother told me I couldn't attend any more—they needed my help at home. She thought that studying wasn't important for women—the work of women was to be a housewife. That attitude was common in the culture of my village. She told me, "Only men should study. Education is worthless for you. You have to help me before getting married and leaving home." I really wanted to go to school, and the year that I attended I studied hard and finished my homework way before the rest. The teacher appreciated me a lot, and told my dad that I was a very intelligent girl, that I should continue with my studies. My father agreed, but there was no money. We were poor, and I had to be in charge of the house.

había dinero. Éramos pobres y yo tenía que estar encargada de la casa.

Para mí fue muy difícil dejar la escuela. Me sentía enojada y me molestaba lo poco que yo valía en los ojos de mi madre. Pero al mismo tiempo entendía que no había nadie para cuidar la casa y cuidar a mis hermanitos—tenía que ayudar a mi mamá. Tenía que aceptarlo.

Aunque solo tenía un año de escuela, había aprendido mucho. Sabía cómo leer y escribir un poco, pero quería aprender más. Aprendía sola leyendo la Biblia. Aprovechaba mi tiempo libre—por ejemplo, cuando estaba lloviendo—para leer y estudiar. Copiaba las letras y palabras de la Biblia, y cuando había palabras que no entendía, le preguntaba a mi papá qué significaban—porque él sabía leer. Así me enseñaba yo misma a leer.

Cada día mi padre se ponía más enfermo, y empezó a tomar mucho. A mi mamá le molestaba porque ella trabajaba y él no hacía nada. Cuando él se emborrachaba, siempre se enojaba y regañaba a mi mamá. Había muchas peleas entre mis papás—cada desayuno ellos empezaban a discutir, a tener desacuerdos. Me afectaba mucho, para mí era muy duro. Un día en la cocina ellos quisieron pegarse con un palo—cada uno tenía su palo. Recuerdo que mi hermanita chiquita y yo tuvimos que meternos para defenderlos contra los golpes—hicimos lo posible para separarlos. Le quité el palo de las manos a mi papá, y él se molestó mucho. Y mi mamá se enojó mucho también, porque pensaba que yo estaba a favor de mi papá. Yo no estaba a favor de nadie, solo quería que ellos estuvieran bien. Estaba muy asustada, porque cada día los problemas eran más fuertes, era imposible. Al fin, ella se separó de él, aunque seguían viviendo en la misma casa. Había mucha distancia entre ellos, con discusiones fuertes.

Yo los quería mucho siempre y quería que ellos estuvieran juntos. Dolía verlos separados, y también ver a mi

For me it was very difficult to leave school. I felt angry and I was bothered by how little I was worth in the eyes of my mother. But at the same time I understood that there wasn't anyone to take care of the house and take care of my little brothers and sisters—I had to help my mother. I had to accept it.

Although I just had a year of school, I had learned a lot. I knew how to read and write a little, but I wanted to learn more. I taught myself by reading from the Bible. I took advantage of my free time—for example when it was raining—to read and study. I copied the letters and words from the Bible, and when there were words that I didn't understand I asked my father what they meant—because he knew how to read. So I taught myself to read.

Every day my father got sicker and sicker, and began to drink a lot. It really bothered my mother, because she was working and he didn't do anything. When he got drunk, my father always got angry and berated my mom. There were many fights between my parents—every breakfast they started up arguing, having disagreements. It affected me a whole lot, it was really awful. One day in the kitchen they wanted to beat each other up with a stick—both had their own stick. I remember that my little sister and I had to get between them to defend them against the blows—we did what was possible to separate them. I took the stick from my father's hand, and he got really upset. And my mother was angry, too, because she thought I was taking my father's side. I wasn't taking anybody's side, I just wanted things to be OK with them. I was very scared because every day the problems got bigger, it was impossible. Finally she separated from him, even though they continued living in the same house. There was great distance between them, filled with arguments.

I always loved them, and wanted them to be together. It hurt to see them separated, and also to see my mother suf-

mamá sufriendo, y ver a mi papá que estaba enfermo. Mis papás, en algunos momentos cuando no estaban peleando, iban a la iglesia o iban a vender en la plaza y regresaban juntos. Cuando los veía juntos me sentía feliz porque quería ver a mis papás contentos. Pero eso ocurría por solo un momento. Al final, era imposible que ellos volvieran a juntarse. Hasta esta fecha ellos siguen viviendo en la misma casa, pero separados.

Al fin, mi madre me dijo, "Ahora tú mantén a tu papá".

Mi mamá estaba enferma de nervios. Si no estaba lista la comida cuando ella llegaba a la casa después de trabajar, o si la casa no estaba limpia y ordenada, ella agarraba un palo y me pegaba. Un día que yo había ido a traer leña de la montaña, mi mamá quería que yo cuidara a mi hermanita, pero yo no podía venir en seguida porque andaba cortando leña. Ella me gritó, "¡Apúrate!" y traté de correr rápido, llevando la leña en la cabeza. Cuando regresé a casa, mi hermanita había hecho pipí en su pañal y mi madre estaba furiosa. Ella me tiró unas tijeras a la cabeza y me salió sangre. En ese momento me enojé mucho, pero tenía miedo

> **Ella me tiró unas tijeras a la cabeza y me salió sangre. . . . Todavía tengo una cicatriz en la cabeza.**

también. Corrí y me escondí en el monte para que mi mamá no siguiera pegándome. No llegué a comer ese día, aunque tenía mucha hambre. Cuando regresé, mi madre no dijo nada—allá la gente no dice, "Lo siento, discúlpeme, por favor". Todavía tengo una cicatriz en la cabeza.

En mi familia la violencia contra mí empeoraba, pero mi mamá no les pegaba a mis hermanos. Ella enfocaba todo—el dolor que sufría, su rabia, su desesperación, su rencor contra mi papá—en mí. Solo me pegaba a mí, porque mis hermanas eran chiquitas. Me acuerdo cuando ella me

fering, to see my father sick. But at times when my parents weren't fighting they went to church or they went to sell in the plaza and returned together. When I saw them together I felt happy because I wanted to see my parents happy. But that would happen for just a moment. At the end, it was impossible for them to get together again. To this day they continue living in the same house, but separated.

Finally my mother told me, "Now you take care of your father."

My mother suffered from nerves. If the meal wasn't ready when she returned home after working, or if the house wasn't clean or in order, she grabbed a stick and beat me. One day when I had gone out to bring fire wood from the mountain, my mother wanted me to take care of my little sister, but I couldn't come right away because I was out cutting down firewood. She shouted at me, "Hurry up!" and I tried to run really fast, carrying the wood on my head. When I got home, my little sister had peed in her diaper and my mother was furious. She threw some scissors at my head and I bled all over. At that moment I was enraged, but I was afraid, too. I ran and hid in the moun-

She threw some scissors at my head and I bled all over. . . . I still have a scar in my skull.

tains so she wouldn't keep on beating me. I didn't come home for dinner that day, although I was really hungry. When I returned, my mother didn't say anything—there the people don't say, "I'm sorry, please forgive me." I still have a scar in my skull.

In our family the violence against me got worse, but my mother never beat my brothers. She focused every-thing—the pain she suffered, her rage, her desperation, her bitterness towards my father—on me. She only beat me,

decía que las mujeres no valían mucho, porque íbamos a casarnos muy jóvenes y ella no podía depender de nosotras financieramente. Desde que yo era muy chica, tenía en mi mente que quería irme a un pueblo para trabajar y ganar mucho dinero para ayudar a mi mamá para que ella no nos regañara.

Cuando mi mamá se enojaba conmigo me decía, "¡Ya te hubieras casado!" Su plan era que me casara cuando cumpliera catorce años, siempre me hablaba de eso. En mi mente me decía *Nunca me voy a casar*, por lo que veía en mi mamá, cómo ella sufría. Tenía que ser madre y padre, era muy difícil para ella. Le dije, "No quiero andar con un hombre, prefiero estar sola, y quiero demostrarte a ti y a mis hermanitas que una mujer sola puede salir adelante. Nosotras las mujeres valemos lo mismo que un hombre". Mi mamá siempre me empujaba a casarme, y un día me molesté con ella, y le dije, "¿Cómo es que me voy a casar? ¡Mira cómo te trata mi papá!"

Yo no podía confiar en mí mamá. Me sentía tan sola. Mi vida en Guatemala era insoportable, y estaba a punto de

Cuando tenía trece años me dije,
No puedo seguir más.

perder la esperanza. Cuando tenía trece años me dije, *No puedo seguir más*, no quiero levantarme cada mañana y ver lo mismo que se repite todos los días. Morir es mejor. Un día estaba lloviendo, y en una botella encontré un veneno que se llama Gramaxone, que se usa para matar los insectos que destruyen las cosechas, y decidí tomarlo—en mi pueblo había algunas chicas que se habían quitado la vida de esa manera. Tenía la botella en la mano y mi hermanita Dalila, que tenía ocho años, me vio y gritó, "¡No lo hagas! ¡Por favor!" y me quitó el veneno. No sé, pero algo me dijo que tenía que recapacitar. En ese momento pensé en ella y

because my sisters were little. I remember her telling me that girls weren't worth much, because we were going off to get married at a young age and she couldn't depend on us for money. From the time I was a little girl I had in my mind that I wanted to go to a town to work and earn a lot of money in order to help my mother so she wouldn't yell at us.

When my mother got angry with me, she would say, "If you had only married!" Her plan was for me to get married when I turned fourteen, she always talked to me about that. In my mind I told myself, *I'm never going to marry*, because of what I saw in my mother, how she suffered. Because she had to be mother and father, it was really difficult for her. I told her, "I don't want to go with a man, I prefer to be alone, I want to show you and my little brothers and sisters that a single woman can get ahead. We women are worth the same as a man." My mother kept pushing me to get married, and one day I got fed up and told her, "How am I going to get married? Look how my father treats you!"

I wasn't able to trust my mother. I felt so alone. My life in Guatemala was unbearable, and I was on the brink of

When I was thirteen I said to myself,
I can't go on.

losing hope. When I was thirteen, I said to myself, *I can't go on, I don't want to get up every morning and see the same thing over and over every day. Better to die.* One day it was raining and I found a bottle of a pesticide called Gramoxone, which is used to kill the insects that destroy the crops, and I decided to drink it. In my village there were some girls who had taken their lives that way. I had the bottle in my hand and my little sister Dalila, who was eight years old, saw me and shouted, "Don't do it! Please!", and she took the poison away from me. I don't know, but something told me that I

me dije, *Si yo lo hago, mis hermanitas van a seguir sufriendo. Pero, si no me caso, si sigo haciendo mi vida, luchando, ellas pueden tener una vida mejor.*

Mi madre supo que yo estaba pensando en suicidarme—probablemente mi hermanita se lo dijo a ella. Y varias veces después, cuando mi madre se enojaba conmigo, me decía, "¿Por qué no tomas el Gramaxone?"

Había un muchacho de dieciocho años en mi pueblo, que desde que yo era muy chica siempre había querido que fuera su novia, pero yo no quería ser su novia. Entonces él me golpeaba, me jalaba el pelo, se burlaba de mí. Cuando yo salía al camino él siempre me decía cosas horribles, cosas que no quiero repetir. Siempre me amenazaba. Yo estaba desesperada, tenía miedo a salir a veces. *Tengo que hacer algo, algo,* me decía. Pero tampoco le podía decir a mi mamá, porque ese hombre me amenazaba, "Si se lo dices a tus padres yo te voy a golpear más". Y, como dije, yo no confiaba en mi mamá. Tenía miedo de que él me siguiera golpeando, porque yo no tenía a mis hermanos mayores para que me protegieran—ellos ya estaban en Carolina del Norte, en los Estados Unidos. Me sentía completamente sola. Al fin, cuando tenía catorce años, él me acosó sexualmente. En ese momento me sentí aterrorizada, y le dije, "OK, está bien, voy a ser tu novia y tener relaciones contigo". Pero le dije esto solo para que él se tranquilizara y me dejara de atacar—para crear una oportunidad de huir. Entonces le golpeé la cara y corrí, cayendo en una espina grande de una planta. Gracias a Dios pude escapar de las manos de él. En mi casa, por miedo no podía contar lo que pasó a nadie.

El próximo día decidí salir de la casa para protegerme. Me fui a un pueblo que se llamaba Comalapa, que quedaba como una caminata de tres horas de Villaflor. Nunca había ido a ese pueblo, no conocía a nadie allá. Llegué allí por la mañana, y comencé a buscar trabajo. Fui a cada

had to reconsider. At that moment I thought about her and told myself, *If I do it, my little sisters are going to continue suffering. But if I don't get married, if I keep on struggling in my life, they can have a better life.*

My mother knew that I was thinking about committing suicide—probably my little sister told her. And several times afterwards, when my mother was angry with me, she said, "Why don't you drink the Gramoxone?"

There was an eighteen-year-old boy in my village who had wanted me to be his girlfriend since I was a little girl—but I didn't want to be his girlfriend. Then he beat me up, he pulled my hair, he ridiculed me. When I went out on the street he always said terrible things to me, things I don't want to repeat. He always threatened me. I was desperate, at times I was afraid to go outside. *I have to do something, something*, I said. But I wasn't able to tell my mother, either, because that man threatened me, "If you tell your parents, I'm going to beat you more." And, as I said, I didn't trust my mother. I was afraid that he would continue beating me, because I didn't have my older brothers to protect me—they were in North Carolina, in the United States. I felt completely alone. Finally when I was fourteen, he accosted me sexually. At that moment I was filled with terror, and I told him, "OK, I'll be your girlfriend and have sex with you." But I said that only so he would calm down and stop assaulting me, in order to create an opportunity to escape. Then I hit him in the face and ran, falling down on a huge cactus thorn. Thank God, I escaped his hands. At home, out of fear, I couldn't tell anyone what happened.

The next day I decided to leave home. I went to a village called Comalapa, about three hours walk from Villaflor. I never had been to that town, I didn't know anybody there. I arrived in the morning and began to look for work. I went to each house, knocking on doors, but after five hours I hadn't been able to get work. I was really tired, I

casa, tocando en las puertas para conseguir trabajo, pero después de cinco horas no había podido conseguir trabajo. Estaba muy cansada, ya tenía hambre y tenía sed. Decidí sentarme cerca de una tienda, y le pedí a la dueña que me diera agua—porque yo no tenía dinero. Ella me dijo, "¿Estás buscando trabajo?" y le dije, "Sí". En ese momento me puso a trabajar, pero no me ofreció comida. Me dijo que me iba a pagar quinientos pesos al mes, y que me quedara en su casa, durmiendo en el pasillo. Yo lavaba platos todos los días para la cantina secreta que ella mantenía escondida adentro de su casa. Tenía que trabajar muy rápido, y la señora siempre me gritaba y me insultaba.

Después de quince días trabajando en su casa, un hijo de la señora, un abogado de más o menos treinta años que estaba casado y tenía niños, vino al pasillo donde yo estaba durmiendo y trató de forzarme a tener relaciones sexuales con él. Me tapó la boca para que yo no gritara, pero su mamá se levantó para ir al baño y abrió la puerta. Entonces él salió. Gracias a Dios que no me hizo nada, pero yo

No había ningún lugar dónde pudiera estar segura—siempre los hombres me perseguirían, tratando de abusar de mí.

estaba muy asustada. Pensaba que no había ningún lugar dónde pudiera estar segura—siempre los hombres me perseguirían, tratando de abusar de mí. Pero también me sentía más fuerte, porque estaba aprendiendo cómo protegerme.

Decidí regresar a mi casa. Cuando le dije a la señora que me iba de su casa, ella me dijo, "Yo no te voy a pagar". Le supliqué a la señora que me pagara, porque no tenía dinero para regresar a mi pueblo. Finalmente, ella me dio doscientos pesos. Yo tenía miedo de regresar a mi casa sin dinero porque sabía que mi papá siempre quería que yo llevara dinero. Cuando llegué a la casa mi papá me gritó, "¡Tú

was hungry and thirsty. I decided to sit down by a store and I asked the owner to give me some water—because I didn't have any money. She asked me, "Are you looking for work?" and I told her, "Yes." Right away she put me to work, but she didn't offer me anything to eat. She told me she was going to pay me five hundred pesos (twenty-five dollars) a month, and that I would be staying in her house, sleeping in the hallway. Every day I washed dishes for the secret *cantina* that she kept hidden inside her house. I had to work really fast, and the woman always shouted at me and insulted me.

After I worked for fifteen days in her house, one of the owner's sons, a lawyer who was about thirty years old and married with kids, came into the hallway when I was sleeping and tried to force me to have sex with him. He covered my mouth to keep me from screaming, but his mother got up to go to the bathroom and opened the door. Then he

> There wasn't any place where I could
> be safe—men would always chase me,
> trying to abuse me.

left. Thank God that he didn't do anything, but I was really frightened. I thought that there wasn't any place where I could be safe—men would always chase me, trying to abuse me. But I also started to feel stronger because I was learning how to protect myself.

I decided to go back home. When I told the owner that I was leaving her house she said, "I'm not going to pay you." I begged her to pay me, because I didn't have any money to return to my village. Finally, she gave me two hundred pesos (ten dollars). I was afraid to go home without any money because I knew that my father always wanted me to bring money. When I got to my house, my father shouted at me, "You went off to work and you didn't bring any money

te fuiste a trabajar y no trajiste ningún dinero!" Él siempre decía algo así cuando estaba enojado conmigo.

No Puedo Aguantar Más

Había mucha violencia en Guatemala, no había respeto. Una vez unos vecinos atacaron a mi padre, lo golpearon en la cabeza con machetes, casi lo mataron. Otro día mi madre y yo fuimos a vender ropa en la plaza de un pueblo cercano donde ella tenía un puesto. Cuando regresamos en la tarde, había dos vecinos que nos golpearon a mi mamá y a mí—querían robarnos. Traté de defenderla, pero no pude, porque a mí me estaban golpeando también. En ese día me sentía tan enojada con los hombres que nos atacaron. Me dije, *No puedo quedarme aquí. Me voy.*

Yo desconfiaba de los hombres, estaba muy decepcionada, tenía un odio hacia ellos por lo que me habían hecho. Me habían engañado, y era muy difícil volver a creer en los hombres. A mí me dolía mucho ver a las mujeres que sufrían allá en Guatemala, ver a los hombres golpearlas. Guatemala es uno de los países más peligrosos del mundo, donde muchas mujeres mueren por la violencia. Yo tenía esta rabia porque veía cómo mi padre maltrataba a mi madre, cómo ella lloraba delante de nosotros. Me dije, *No me voy a casar aquí, no quiero sufrir la misma vida que está sufriendo mi mamá. Quiero hacer una vida diferente.* Había escuchado que en los Estados Unidos las mujeres tienen un poquito más de oportunidades, tienen más derechos, y los hombres respetan más a las mujeres. Decidí ir allá.

> **No confiaba en nadie, tenía mucho coraje dentro de mí. Me decía, *No quiero estar aquí, quiero irme, tengo que salir adelante por mí misma.***

No confiaba en nadie, tenía mucho coraje dentro de mí. Me decía, *No quiero estar aquí, quiero irme, tengo que salir ade-*

back!" He always said something like that when he was angry at me.

I Can't Take It Anymore

There was a lot of violence in Guatemala, there wasn't any respect. Once two neighbors attacked my father, they hacked his head with machetes, almost killing him. Another day my mother and I went to sell clothing in the plaza in Pavencul. When we returned in the late afternoon, there were two neighbors who beat up my mother and me—they wanted to rob her. I tried to defend her, but I wasn't able to because they were beating me, too. That day I felt so angry at the men who attacked us. I said to myself, *I can't stay here. I'm leaving.*

I distrusted men, I was very disillusioned, I hated them for what they had done to me. They had betrayed me and it was very difficult to believe in men again. I ached so much to see how women suffered in Guatemala, to see men beating them. Guatemala is one of the most dangerous countries in the world, where many women die because of violence. I had this rage, because I saw how my father mistreated my mother, how she cried in front of us. I said to myself, *I am not going to marry here, I don't want to suffer the same kind of life my mother is suffering. I want to make a different life.* I had heard that in the United States women have a little more opportunity, they have more rights, and men respect women more. I decided to go there.

> I didn't trust anyone, I had so much anger inside of me. I told myself, *I don't want to be here, I want to go away, I have to get ahead, by myself.*

I didn't trust anyone, I had so much anger inside of me. I told myself, *I don't want to be here, I want to go away, I have to get ahead, by myself.* I have always dreamed of being someone

lante por mí misma. Siempre he soñado ser alguien en esta vida—seguir luchando hacia adelante. He tenido el sueño de tener una familia que me cuide, de ir a la escuela. Así que decidí irme a los Estados Unidos y encontrar a mis dos hermanos que vivían en Carolina del Norte. Pero no me puse en contacto con ellos—no sabían nada de mis planes de venir al norte. Mi plan era llamarlos cuando yo llegara a la frontera para pedir su apoyo.

La decisión que tomé en ese momento no era fácil, era complicada. No sabía qué hacer—si reír o llorar. No tenía explicación para lo que sentía. Me dije, *Voy a dejar a mis papás, a mis hermanos, voy a dejar mi pueblo. ¿Quién sabe cuándo voy a volver a verlos?* Pero por otra parte quería realizar mis sueños. Quería hacer algo en esta vida y demostrar que las mujeres pueden salir adelante. Estaba como entre la espada y la pared.

Tenía catorce años cuando decidí irme a los Estados Unidos.

in this life—to continue struggling onward. I had a dream of having a family that would take care of me, of going to school. So I decided to go to the United States and find my two brothers who lived in North Carolina. I didn't contact them—they knew nothing of my plans to come north. My plan was to call them when I arrived at the border and ask for their help.

The decision that I made at that moment was not easy, it was complicated. I didn't know what to do—to laugh or cry. I didn't have any explanation for what I was feeling. I said to myself, *I am going to leave my parents, my brothers and sisters, I am going to leave my village. Who knows when I will see them again?* But on the other hand I wanted to achieve my dreams. I wanted to do something in this life, to show that women could get ahead. I was like between the sword and the wall.

I was fourteen years old when I decided to go to the United States.

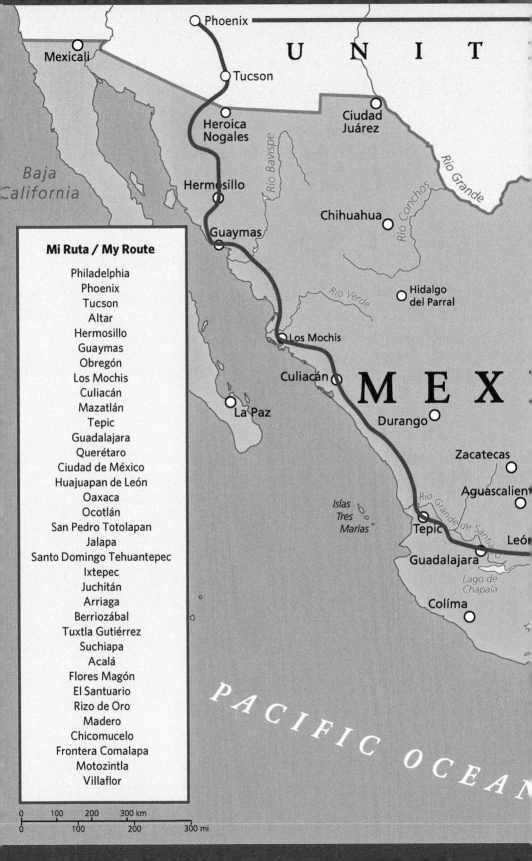

Mi Ruta / My Route

Philadelphia
Phoenix
Tucson
Altar
Hermosillo
Guaymas
Obregón
Los Mochis
Culiacán
Mazatlán
Tepic
Guadalajara
Querétaro
Ciudad de México
Huajuapan de León
Oaxaca
Ocotlán
San Pedro Totolapan
Jalapa
Santo Domingo Tehuantepec
Ixtepec
Juchitán
Arriaga
Berriozábal
Tuxtla Gutiérrez
Suchiapa
Acalá
Flores Magón
El Santuario
Rizo de Oro
Madero
Chicomucelo
Frontera Comalapa
Motozintla
Villaflor

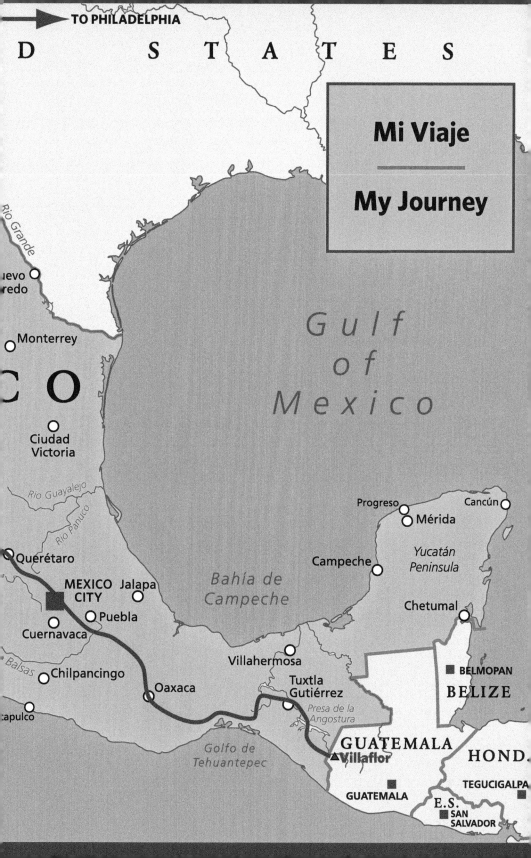

Mi Viaje

Mis zapatos de viajar
My traveling shoes

My Journey

Preparación

Pues, cuando yo decidí irme, le dije a Orfalinda, mi hermana más chiquita, "Préstame cincuenta pesos, porque necesito comprarme un par de zapatillas". Nunca había tenido zapatos—solo tenía sandalias. Ella tenía solo once años, pero ganaba dinero por vender *choco-banana*—banana cubierta con chocolate. Mi hermana no quiso prestarme el dinero. Me dijo, "Te vas a cruzar el desierto, vas a usar los zapatos para salir de aquí". Y le dije, "No, los zapatos son más cómodos, nada más". Al fin, me prestó el dinero, y compré los zapatos—eran negros con cintas rosadas—y tres días después, salí para los Estados Unidos.

El día antes de irme fui a ver a mis abuelos. Mi abuela me quería mucho, era una persona muy buena. Ellos vivían en otro pueblo que estaba como a dos horas de camino. No le dije que tenía planes de irme a los Estados Unidos, pero en la mente esa era la última vez que yo iba a ver a mi abuela. Entonces me despedí, y me preguntó, "¿Cuándo regresas?" Le dije, "Pronto". Pero yo sabía que estaba mintiendo, que no iba a regresar.

Ya tenía mi mochila. Tenía mis zapatos nuevos. Tenía también mi ropa. Me acuerdo que traje una blusa que me gustaba mucho, que mi hermano que vivía en los Estados Unidos me había mandado. Me traje un suéter rosado pequeño por el frío. Y dos pares de pantalones largos y un par de cortos. Y también traje un cuaderno donde tenía mi

Preparation

So when I decided to leave, I said to Orfalinda, my littlest sister, "Orfi, loan me fifty pesos, I need to buy myself some sneakers." I had never had shoes—I only had flip-flops. She was just eleven, but she earned money by selling *choco-bana*—banana covered with chocolate. My sister didn't want to loan me the money, she said, "You're going to cross over the desert, you're going to use the shoes to walk out of here." And I told her, "No, the shoes are more comfortable, that's all." Finally she loaned me the money and I bought the shoes—they were black with pink shoelaces—and left for the United States three days later.

The day before leaving, I went to see my grandparents. My grandmother really loved me, she was a very good person. They lived in another village that was about two hours walk away. I didn't tell her that I had plans to come to the United States, but in my mind it was the last time that I was going to see my grandmother. Then I said goodbye, and she asked me, "When are you returning?" I told her, "Soon." But I knew I was lying, that I was not going to return.

I already had my backpack. I had my new shoes. I also had my clothes. I remember that I brought a blouse that I liked a lot, that my brother who lived in the United States had sent me. I brought a small pink sweater for the cold. And two pairs of long pants and one pair of shorts. Also, I brought a notebook in which I kept my music. My

música. Mi amigo Chuy tocaba el piano en un grupo y me había dado algunas notas acerca de cómo tocar el piano. Cuando me ponía triste, o cuando me sentía sola, tocaba el pequeño piano en mi casa—eso fue después de que tuvimos electricidad. Quería mucho mi piano, y lo abracé antes de salir. Traje mi celular, en que guardaba algunas canciones. También, traje una Biblia chiquita que había dejado mi hermano Jesús cuando se fue para Carolina del Norte. Traje esa Biblia para que me protegiera en el camino.

Esa noche antes de salir cuando me fui a dormir, lloré mucho—*Voy a dejar mi mamá, mi papá y mis hermanitas. Me voy y no sé cuándo voy a regresar.* En esa tarde sentía que no tenía ganas de venirme al norte, porque sabía que iba a viajar sola. Me quedé viendo a mi mamá y me pregunté a mí misma, *¿Cuándo voy a volver a verla?* Pero había tomado la decisión de viajar y era una decisión que nadie me podía cambiar.

Chiapas

Salí de Guatemala el 4 de enero. Le dije a mi mamá, "Me voy a trabajar en un pueblo en México". Y ella me dio algún dinero para el pasaje—cuatro mil pesos, más o menos doscientos setenta dólares. (En esa parte del país, frecuentemente usábamos pesos en vez de quetzales, porque vivíamos tan cerca de la frontera con México.) Pero no le dije que me venía para los Estados Unidos. Le dije, "Mamá, dame un abrazo", y ella me abrazó. Y lloré mucho, y me acuerdo que mamá lloró también. A mi papá no le dije nada. Le dije a mi hermanita, "Me voy", y ella me dijo, "Cuídate", y me abrazó. Fue muy difícil dejarlos—no sabía cuándo iba a regresar. Me levanté temprano, y salí a las tres de la mañana. Me acuerdo que hacía mucho frío ese día, y tuve que caminar como dos horas por la montaña. Mientras caminaba, pensaba, *Voy a dejar toda esta naturaleza, este lugar muy silencioso*

friend Chuy played piano in a group, and he had given me some notes about how to play the piano. When I became sad or when I felt alone, I always played the little piano in my house—that was after we got electricity. I really loved that piano, I gave it a big hug when I left. I brought my cell phone, with some songs that I had saved on it. I also brought a small little Bible that my brother Jesús had left when he went to North Carolina. I took that bible to protect me on the way.

That night before leaving, when I went to sleep, I cried and cried—*I'm going to leave my mother, my father, my little brothers and sisters. I'm leaving, and don't know when I will return.* That night I felt like I didn't want to come north, because I knew that I was going to travel alone. I kept looking at my mother and I asked myself, *When am I going to see her again?* But I had made my decision to travel, and nobody could change my mind.

Chiapas

I left Guatemala on January fourth. I told my mother, "I'm going to work in a town across the border, in Mexico." And she gave me some money for the trip—five thousand *pesos* (two hundred seventy U.S. dollars), more or less. (In that part of Guatemala we often used *pesos* instead of *quetzales*, because we lived so close to the border with Mexico.) But I didn't tell her that I was coming to the United States. I said, "Mama, give me a hug," and she embraced me. I cried a lot, and I remember that on that day my mother cried too. I didn't say anything to my father. I told my sister, "I'm leaving," and she said, "Take care of yourself," and hugged me. It was very difficult to leave them—I didn't know when I was going to return. I got up early, and left at three o'clock in the morning. I remember that it was very cold that day and I had to walk about two hours through the moun-

No sabía cómo iba a llegar a los Estados Unidos—solo había decidido viajar, sola.

y calmado. Voy a dejar mi pobre y humilde pueblito, el lugar donde crecí. No sabía cómo iba a llegar a los Estados Unidos—solo había decidido viajar, sola. Me dije, *Tengo que dejar el miedo atrás. Tengo que seguir mi camino, para adelante. Estoy dispuesta a todo. Si me muero, está bien. Si vivo, gracias a Dios.*

A las cinco de la mañana agarré un carro para ir a un pueblo pequeño, y entonces se me fue el miedo. Agarré otro carro para ir a La Mesilla. En La Mesilla había un retén, donde la policía demanda que te bajes del bus o carro, y te preguntan si llevas papeles—tus credenciales—y ven en la mochila lo que llevas. Me bajé del carro antes de llegar al retén, y empecé a caminar. Conocí a un señor que me dijo, "¿A dónde vas?" Le dije, "Comitán". Y me dijo, "¿Traes papeles?" "No". Y me dijo que iba a ser difícil pasar, porque había muchas estaciones de policía adelante. "Dime la verdad—¿A dónde vas?" y le dije, "Voy para México, más adelante". Él me dio algunas direcciones para que yo pudiera evitar la policía. Entonces viajaba sola. Caminé y agarré un bus, y pasé por un pueblo donde había un retén. Pero tuve suerte, porque la policía no nos paró y no chequeó los papeles.

Iba viajando sola de pueblo a pueblo como el señor que encontré me había indicado. Entonces llegué a una casa en el pueblo de Rizo de Oro, donde un hombre vivía con su esposa, sus hijos y su perro. El dueño me dijo, "Yo te voy a ayudar a cruzar el río mañana en mi barco". A las diez de la noche llegaron dos grupos de personas—uno de tres hombres, y el otro de cuatro mujeres y dos varones. Me puse feliz y me sentía más segura, porque ya no estaba sola. Decidimos viajar a México juntos. El señor cobró para llevar a la gente al otro lado del río, que es parte de su terreno. Tuve que pagar doscientos pesos para dormir afuera de su

I didn't know how I was going to get to the United States—I just had decided to travel, alone.

tains. As I walked I thought to myself, *I'm going to leave all of this nature, this place so silent and calm. I am leaving my poor and humble village, the place where I grew up.* I didn't know how I was going to get to the United States—I just had decided to travel, alone. I told myself, *I have to leave fear behind. I have to follow my path, forward. I'm ready for anything. If I die, fine. If I live, thanks to God.*

At five o'clock in the morning I caught a car to a small village, and by then my fear had left me. I grabbed another car to go to La Mesilla. In La Mesilla there was a checkpoint where the police order you to get down from the bus or car, and they ask if you carry papers—your credentials—and check your backpack to see what you're carrying. I got out of the car before arriving at the checkpoint and began to walk. I met a man who said to me, "Where are you going?" I told him, "Comitán," and he said, "Are you carrying papers?" "No." He told me it was going to be very difficult to pass, because there were many police stations ahead. "Tell me the truth—where are you going?" And I said, "I'm headed for Mexico City, farther on." He offered me some pointers on how to avoid the police. Then I traveled on by myself. I walked and caught a bus and passed by a village where there was a checkpoint. But I got lucky, because the police didn't stop us or check our papers.

I kept on traveling alone from village to village, according to the directions that the gentleman had given me. Then I came to a house in the town of Rizo de Oro where a man lived with his wife, his kids and his dog. The owner said to me, "Tomorrow I'll help you get across the river in my boat." At ten o'clock that night two groups of people arrived—one of three men, the other with four women and two men. I was happy and I felt safer, because now I wasn't

casa, la comida, y para el pasaje al otro lado del río, que era muy grande. Aquella noche dormí bien.

Salimos como a las dos de la mañana en la oscuridad, porque era muy peligroso que los vecinos nos vieran—podían decirles a las autoridades que esa persona cruzaba gente de otros países por el río. Era un río grande y peligroso—teníamos que llevar pantalones cortos, y caminábamos en el lodo para llegar a aguas más profundas donde se encontraba el barco. Yo cargaba mi mochila y mis zapatos, para guardar mis zapatos para la frontera. Usaba el foco en mi teléfono para poder ver en la oscuridad mientras caminaba en el puro lodo. Yo tenía un poquito de miedo, porque no sabía nadar.

Después de cruzar el río, nos cambiamos nuestra ropa y caminamos tres horas para llegar a otro pueblo y subir a un autobús. Alguien nos dijo que había policía más adelante. Entonces, para evitar la policía, tuvimos que volver a caminar como una hora en la montaña para buscar pueblos en el otro lado del retén. Y al fin llegamos a un pueblo que se llamaba La Perla, donde agarramos un bus. Tuvimos que pagar al chófer para que él nos cuidara de la policía. Cuando la policía paró el bus tuvimos mucha suerte porque no subió para chequear el bus. El chófer les dijo, "Todo está bien, no hay ilegales en el bus". Bajamos del bus y nos escondimos en el monte. Tuvimos que escondernos, porque si las personas ven que tú vas viajando en un grupo grande, asumen que ustedes son extranjeros y llaman a la policía.

En nuestro grupo nadie tenía experiencia de haber ido al norte. Había dos coyotes encargados de su gente, y uno siempre estaba borracho. No le pagué al coyote, así que yo estaba encargada de mí misma. Hablamos los dos coyotes y yo, y decidimos que nos podíamos reunir y viajar juntos—compartiríamos los gastos para no pagar mucho dinero. Yo estaría encargada de buscar un chófer y hablar con él para que guardara silencio.

alone and we decided to travel together. The man charged money to carry people to the other side of river, which is on his land. I had to pay two hundred pesos to sleep outside his house, for a meal, and for passage to the other side of the river. That night I slept well.

We left around two a.m. in the dark, because it was very dangerous if the neighbors saw us—they could tell the authorities that that person took people from other countries across the river. The river was very big and dangerous—we had to wear shorts and walked in the mud to get deeper into the water where the boat was. I carried my backpack and my shoes, in order to save my shoes for the border. I used the light in my telephone to see in the dark while I walked in the mud. I was a little afraid, because I didn't know how to swim.

After crossing the river, we changed our clothes and walked three hours to get to another village and board a bus. Someone told us that there were police farther on ahead. So, to evade the police, we had to walk again on foot in the mountains about an hour to look for villages on the other side of the checkpoint. Finally we came to a village called La Perla, where we caught a bus. We had to pay the driver to keep an eye out for the police. When the police stopped the bus we really got lucky because they didn't climb up to check the bus. The driver told them, "It's all good, there aren't any illegals on the bus." We got off the bus and hid there in the mountains. We had to hide, because if people see that you're traveling in a big group, they assume you are foreigners and call the police.

In our group no one had any experience going north. There were two guides, or *coyotes*, who were in charge of their people, but one was always drunk. I didn't pay a *coyote*, so I had to take care of myself. The two coyotes and I talked, and we decided that we could travel together—we would share the costs in order to save money. I would be in

Rápido, tuve que aprender mucho y tuve que seguir mi camino, porque no venía con nadie. Ayudaba a mis compañeros de viaje, para que ellos pudieran seguir, y ellos me ayudaban también. Ellos eran muy buena gente, y tenían mucho respeto por mí y las otras mujeres. Teníamos mucha confianza. A veces compartíamos comida y agua, y también los gastos de pagar un chófer. Todos éramos de Guatemala, y todos estábamos en la misma situación.

Después, llegamos a Santuario, un pueblo pequeño, entonces fuimos a Brasilia. Estuvimos viajando por dos días antes de llegar allá. Tuvimos que agarrar un bus, entonces me tocó a mí hablarle al chófer mientras los otros estaban escondidos. Yo estaba un poco nerviosa. Le pedí al chófer si nos podía llevar a Guerrero, éramos ocho personas, y el chófer llamó a otro chófer que estaba un poquito más adelante para asegurarse de que no hubiera policía en el camino. Le dijo que todo estaba seguro, y todos nosotros subimos al bus y llegamos al pueblo de Guerrero.

Allí había mucha policía, y tratamos de escondernos en el pueblo. Nos separamos porque éramos un grupo grande, y nos dividimos para evitar sospecha. Uno se fue para allá, otro para allá, uno se fue al parque, y yo seguí caminando. El chófer del bus nos había dicho, "Pueden buscar a alguien en esa tienda allá que les llevará a otro lugar seguro". Nos reunimos ahí, y le supliqué al muchacho en la tienda que nos ayudara, le pagaríamos, y él dijo, "No puedo ir a las montañas, porque es muy peligroso—está lleno de narcos". Le supliqué otra vez, y al fin él me dijo, "Dame trescientos pesos", y yo le dije, "Traemos muy poco dinero, pagaremos doscientos", y el señor dijo, "Está bien, está bien". Al fin, nos llevó a Ayala, y de allí fuimos a Tuxtla Gutiérrez. Allí, los dos grupos se separaron, y me quedé con el grupo de tres personas—los dos muchachos y el coyote borracho. El coyote se llamaba César, era un adulto de más o menos treinta años. Era alto y se veía amable. Antonio, el segundo,

charge of looking for a driver and talking to him to assure that he would keep quiet.

I had to learn a lot really fast, and had to follow my own path, because I didn't come with anyone who I knew. I helped my traveling companions so that they could continue on, and they helped me, too. They were really good people, and had great respect for me and the other women. We really trusted each other. Sometimes we shared our food and water, as well as the expenses of paying a driver. All of us were from Guatemala, and we were in the same situation.

Later, we arrived at Santuario, a tiny village, then we went on to Brasilia. We had been traveling for two days before arriving there. We had to catch a bus, then it was my turn to talk to the driver while the others were hidden. I was a bit nervous. I asked the driver if he could he take us to Guerrero, we were eight people, and the driver called another driver that was a little farther ahead to be sure that there were no police on the road. He said everything was safe, and we all climbed into the bus and arrived in Guerrero.

There were many police there, and we tried to hide in the town. We separated because we were a large group, and we divided up in order to avoid suspicion. One went there, another over there, one went to the park, and I continued walking around. The bus driver had told us, "You can find someone in that store over there who will take you to another safe place." We met there, and I begged the man in the store to help us, we would pay him, and he said, "I can't go to the mountains, because it's too dangerous— it's full of narcos." I asked him one more time, and finally he said, "Give me three hundred pesos," and I said, "We're carrying just a little money, we'll pay two hundred," and he said, "OK, OK." Finally, he took us to Ayala, and from there we went to Tuxtla Gutiérrez. There, the two groups

ni era viejo ni era joven, y era medio gordo y morenito. Y Kevin, el más chiquito, tenía como quince años, era muy blanquito, delgado y medio chaparro—pero más alto que yo.

Cuando llegamos a las afueras de Tuxtla Gutiérrez teníamos mucha hambre, y fuimos a un restaurante para comer. Vi un carro de policía estacionado en frente del restaurante, y me asusté. De repente tres policías nos agarraron y nos dijeron, "¡Súbanse en el carro!" Nos subimos, los cuatro. Nos dijeron, "No habléis—vamos a llevarles a la estación de policía para que les manden a Guatemala". Entonces nos pusieron la pistola en la cabeza.

Pero no eran policías—eran los narcos, disfrazados como policías. Nos sacaron a las montañas fuera de la ciudad en su carro. Me sentía aterrorizada y me dije, *Nos van a matar.* Les dije a los muchachos, "Pídanle a Dios que nos proteja de aquí para adelante. Nos vamos a morir". El señor todavía me tenía la pistola en la cabeza, y pensé, *Aquí se acaban mis*

> **Uno de los narcos me pegó en la cabeza con la pistola, porque quería mi mochila para ver si había dinero adentro.**

sueños. Estaba asustada, pero no me puse a llorar. Uno de los narcos me pegó en la cabeza con la pistola, porque quería mi mochila para ver si había dinero adentro. Me dijo, "Necesitamos que nos entregue todo su dinero". Entonces nos tiraron del carro, a los muchachos los golpearon y los patearon, y a mí me tiraron en el suelo. Al fin, nos dejaron en el monte, afuera de la ciudad de Tuxtla—no sabíamos dónde estábamos.

Cuando los narcos se fueron, yo lloré amargamente. Le dije a Dios, *Gracias Dios mío por darme esta oportunidad de seguir viviendo. Te prometo portarme bien, te prometo luchar con el sudor de mi frente.* No podía creer que estaba viva en ese momento.

broke up, and I stayed with the group of three people—two guys and the drunk *coyote*. The *coyote* was called César, he was an adult, more or less thirty years old, and was tall and seemed friendly. Antonio, the second one, was neither young nor old, and was pudgy and dark-skinned. And Kevin, the smallest one, was about fifteen, very light-skinned, thin and kind of short—but taller than me.

When we arrived at the outskirts of Tuxtla Gutiérrez we were really hungry, and we went to a restaurant to eat. We saw a police car parked in front of the restaurant, and I got scared. Suddenly three policemen grabbed us and shouted, "Get into the car!" The four of us got in. They told us, "Don't speak—we're going to take you to the police station to send you back to Guatemala." Then they put a pistol to our heads.

But they weren't police—they were *narcos*, drug traffickers, who were disguised as police. They took us in their car to the mountains outside the city. I was terrified and said to my myself, *They are going to kill us.* I told my traveling companions, "Ask God to protect you from here on out. We are going to die." The man still had his pistol at my head, and I thought, *Here my dreams end.* I was frightened,

One of the *narcos* pistol-whipped me on the head, because he wanted my backpack to see if there was money inside.

but I didn't cry. One of the *narcos* pistol-whipped me on the head, because he wanted my backpack to see if there was money inside. He said, "We need you to turn all of your money over to us." Then they threw all of us out of the car, beat and kicked the men, and threw me on the ground. Finally, they left us in the mountains, outside of Tuxtla—we didn't know where we were.

When the *narcos* went away, I cried bitterly. I said to God, *Thank you dear God for giving me this opportunity to keep*

Estábamos asustados, temblando, y nos levantamos y corrimos al monte. Nos habíamos quedado sin dinero. Encontré mi Biblia y la abrí, y allá encontré otros quinientos pesos. ¡Era como un milagro! Decidimos regresar a Tuxtla Gutiérrez, y con ese dinero agarrar otro bus.

Tuvimos que caminar tres horas para regresar a la ciudad. Eran las siete de la noche cuando llegamos, y teníamos mucha hambre y sed y no teníamos agua—los narcos nos habían agarrado esa tarde cuando íbamos a comer en el restaurante, y nos quedamos sin comer o beber por todo el día. Empezamos a buscar un bus que salía para Berriozábal. Desde allá fuimos a Arriaga, donde pudimos agarrar un tren—porque no cuesta nada viajar en los trenes de carga, y nos faltaba dinero para seguir por bus o para pagar a alguien para que nos ayudara a evitar los retenes.

Yo viajaba sin una guía. Pero Antonio y Kevin se veían preocupados porque habían pagado mucho dinero a su coyote para que los cruzara por México. César siempre estaba borracho—no les estaba cuidando. Uno de los chicos me dijo, "De hecho, si tú no nos hubieras conocido, este señor no nos habría traído. Muchas gracias por ayudarnos". Los dos muchachos eran como mis amigos. Eran de la Ciudad de Guatemala y no sabían nada de viajar—nunca habían salido de su casa, y era el primer viaje que estaban haciendo. Totalmente dependían de su coyote. Yo sabía un poquito cómo viajar porque vivía en la frontera, y cuando la gente regresaba a mi pueblo contaban muchas historias de cómo se cruzaba a México y la frontera.

Pues, al fin agarramos un bus hasta Berriozábal. En el bus siempre nos sentamos separados, en diferentes asientos, para que no nos reconocieran como un grupo de migrantes. Luego se sentó un muchacho conmigo, tenía veinte años más o menos, un mexicano. Yo estaba muy asustada y miserable por el robo y porque estuvimos a punto de morir, y por el hambre. El muchacho me preguntó de dónde era,

on living. I promise to conduct myself well, I promise to fight on with the sweat of my brow. At that moment I could not believe that I was still alive.

We were frightened and trembling and got up and ran in the mountains. We were left without any money. I found my Bible and opened it, and there I found five hundred *pesos*—twenty-five dollars. It was like a miracle! With that money we decided to return to Tuxtla Gutiérrez to catch another bus.

We had to walk three hours to get back to the city. It was seven o'clock at night when we arrived, and we were very hungry and thirsty and had no water—the *narcos* had snatched us that afternoon on our way to eat at the restaurant, and we had gone all day without eating or drinking. We started to look for a bus that went to Berriozábal. From there we would go to Arriaga, where we could catch a train—because it doesn't cost anything to ride on the boxcars, and we lacked the money to continue by bus or to pay someone to help us avoid the roadblocks.

I traveled without a guide. But Antonio and Kevin looked worried because they paid a lot of money to their *coyote* to take them across Mexico. César was always drunk—he wasn't taking care of them. One of the guys told me, "The fact is, if we hadn't met you, this man wouldn't have brought us. Thanks so much for helping us." They were like my friends. They were from Guatemala City, and knew nothing about traveling—they had never left home and were making their first trip. They totally depended on their *coyote*. I knew a little about traveling, because I lived on the border, and when people returned to my village they told many stories about how they crossed through Mexico and over the border.

Well, finally we caught a bus to Berriozábal. We always sat separately in the bus, in different seats, so they wouldn't recognize us as a group of immigrants. Then a guy sat next

y le dije que de la frontera de Guatemala. Me dijo, "Qué bien, vengo de Comitán. ¿A dónde vas?" Le dije, "Voy para México, pero ahorita voy a agarrar el tren porque me quedé sin dinero porque me lo robaron". Y el muchacho se puso a platicar, y me dijo, "Lo siento. Hay muchos ladrones, ten cuidado". Era un buen chico, pero yo tenía miedo de confiar en extranjeros. Me dijo que había un retén adelante. "¿No llevas papeles?" me preguntó. "No", le dije, "No tengo papeles". Me dijo que iba a avisarme cuando estuviéramos cerca de un retén, para que pudiéramos bajarnos del bus y dar un rodeo. Y después, cuando bajamos del bus, el muchacho sacó una bolsa de pan y me dio una botella de agua, y me dijo, "Puedes comer este pan, y compartir con tus amigos". En ese momento me sentí feliz, que tenía suerte. Los ladrones me quitaron todo, pero llegó una persona que me regaló algo para comer. Me dijo el chico, "Que Dios te bendiga en tu camino, échale muchas ganas, yo sé que te vas a cruzar a todo México". Y se fue.

La Bestia

Los cuatro nos bajamos del bus y caminamos por cinco horas escondidos en un sendero del monte. Había mucho polvo y calor, y teníamos mucha hambre y sed. Al fin llegamos al pueblo de Berriozábal. Allí agarramos un bus para Arriaga, y le pedimos al chófer que nos dejara allá en la vía del tren. Él no nos cobró el pasaje. "Suerte", nos dijo— porque sabía que mucha gente se paraba allí en la vía del tren—gente de Guatemala, de El Salvador, de Honduras. Todos esperando el tren allá en Arriaga, yendo al norte. Sí, estábamos felices cuando llegamos a la vía del tren.

Pero no había un tren. Un señor nos dijo que el próximo tren llegaría en tres días. Caminamos sobre la vía del tren al pueblo de Arriaga para esperar allá. Encontramos

to me, he was twenty years old or so, a Mexican. I was very frightened and miserable because of being robbed and almost dying, from being so hungry. The boy asked me where I was from, and I told him from the border, from Guatemala. He said, "That's great, I'm from Comitán. Where are you going?" I told him, "I'm going to Mexico City, but right now I'm going to catch a train because I have no money because they robbed me." And he began to chat and said, "I'm sorry. There are many thieves, be careful." He was a good guy, but I was afraid of trusting strangers. He told me that there was a checkpoint ahead. "You're not carrying papers?" he asked. "No, I said, I don't have any papers." He told me that he would warn me when we got near a checkpoint, so we could get out of the bus and go around. And later, when we got down from the bus the boy took out a bag of bread and gave me a bottle of water and said, "You can eat this bread and share it with your buddies." At that moment I felt happy, like I got lucky. The thieves took everything from me, but somebody else came along and gave me something to eat. The boy said, "God bless you on your path, stick to your dreams, I know that you're going to make it across Mexico." And he went on his way.

The Beast

The four of us got down from the bus and walked for five hours, hiding on a mountain trail. There was a lot of dust and heat, and we were very thirsty and hungry. Finally we came to the town of Berriozábal. There, we caught a bus to Arriaga, and we asked the driver to let us off there by the train tracks. He didn't charge us for the ride. "Good luck," he said, because he knew that many people stopped there by the train tracks—people from Guatemala, from El Salvador, Honduras. All waiting for the train there in Arriaga,

una casa donde había mucha gente, toda esperando el tren. El coyote conocía a la dueña de la casa, y nos dijo que nos podíamos quedar allá, afuera de la casa. Había muchísima gente allá en Arriaga, algunos cerca de la vía del tren y otros se habían quedado en el parque—todos esperando el tren. Más de mil personas de diferentes países. Había gente que vendía comida para que los viajeros la compraran, pero por falta de dinero muchas personas solo podían comer una comida al día. Muchos de los coyotes eran malos y no cuidaban a su gente. Los coyotes los tenían engañados—no querían gastar mucho dinero en las comidas. La policía no tenía autoridad para arrestarnos, eran policías locales, no eran Federales.

Tuvimos que esperar por tres días afuera de la casa de la señora que conocía al coyote. La señora vendía comida a los viajeros. Como yo no tenía mucho dinero para pagar mi comida, le pregunté a la señora si podía ayudarla, y ella me dijo que sí. Y la ayudaba, haciendo la comida, sirviendo a los muchachos, lavando los platos—y ella me daba la comida.

Dormimos en las afueras de la casa. Hacía mucho frío y mucho viento que soplaba. Finalmente, el tren llegó a las ocho de la noche, y toda la gente se preparó. Tuvimos que llevar cartones para taparnos y bolsas de plástico para protegernos de las abejas en el monte.

El tren se llamaba La Bestia . . . probablemente porque había mucha gente que había muerto en ese tren—por ser asaltada o por caerse.

El tren se llamaba La Bestia. No sé exactamente por qué; probablemente porque había mucha gente que había muerto en ese tren—por ser asaltada o por caerse.

Cuando el tren llegó, toda la gente estaba allí, lista— muchísima gente. Nos acercamos al tren, y algunas personas estaban cargando los vagones mientras nosotros estábamos

heading north. Yes, we were happy when we arrived at the train tracks.

But there was no train. A man told us that the next train would come in three days. We walked along the tracks to the town of Arriaga to wait there. We found a house where there was a bunch of people, all waiting for the train. The *coyote* knew the owner of the house, and she told us that we could stay there, outside of the house. There were many people there in Arriaga, some near the train tracks, some staying in the park—all waiting for the train. More than a thousand people, from different countries. People sold food for the travelers to buy, but for lack of money many people were only able to eat one meal a day. Many of the *coyotes* were bad, they didn't take care of their people. They hoodwinked them—they didn't want to pay much for their meals. The police had no authority to arrest us, because they were local police, not *Federales*.

We had to wait for three days outside the house of the lady that the *coyote* knew. The woman sold food to the travelers. Because I didn't have much money to pay for my dinner, I asked the *señora* if I could help her, and she said yes. I helped her, preparing meals, serving the men, washing dishes—and she gave me food.

We slept outside. It was really cold, a lot of wind was blowing around. Finally, the train arrived at eight o'clock at night, and everyone got ready. We had to carry cardboard boxes to cover ourselves and plastic bags to protect ourselves from the bees in the mountains.

The train was called *La Bestia*—The Beast . . . probably because there were many people who had died on that train—by getting assaulted, or falling off.

The train was called *La Bestia*—The Beast. I don't know why, exactly; probably because there were many people

esperando. Tratamos de dormir en nuestro cartón, y allí pasamos toda la noche en el frío, temblando. Habíamos pasado catorce horas en la vía del tren, esperando. Al fin el tren empezó a salir como a las ocho de la mañana. Vimos que el tren se estaba moviendo, y toda la gente estaba gritando y corriendo para subir al tren. Subí con mi mochila, mi cartón, dos botellas chicas de agua y una bolsa de pan. La gente tenía que empujarse una a otra para subir, y alguien más arriba me dio la mano. Se llenó todo el tren con gente, toda sentada en la parte superior de los vagones de carga—había como doscientas personas en cada vagón. El tren era muy largo. Cuando salimos de Arriaga, mucha gente del pueblo llegó para decirnos adiós.

Allá, en el techo del vagón, yo estaba sentada cerca de César, Antonio y Kevin. No había otras mujeres en mi vagón. Casi todos los pasajeros eran hombres, todos de otros países—no había ni un mexicano. Aunque yo era la única mujer, no tenía miedo, tenía confianza, porque todos nosotros estábamos en la misma situación, con el mismo miedo de ser agarrados por la policía, y pensando en el futuro. Cuando tú sales de tu país, no sabes qué va a pasar en tu vida, no sabes si vas a vivir, no sabes si vas a cruzar a los Estados Unidos o si vas a regresar. Después del ataque en Tuxtla Gutiérrez, donde estuve a punto de morir, se me había quitado el miedo, no tenía miedo de nadie. Pero, también, no confiaba en todo el mundo. Por ejemplo, en el tren un coyote se me acercó y me dijo, "¿A dónde vas?" y le dije, "a la frontera". "¿Vas sola?" me preguntó. "Sí". "Pues, ven conmigo, yo te llevo". No confié en sus intenciones, y le dije, "No, gracias".

Los muchachos cortaron ramas de los árboles mientras pasábamos por la montaña. Amarraron sábanas con las ramas, para protegernos del sol, porque hacía mucho calor. Al principio, cuando la gente subió al tren llevando cami-

who had died on that train—by getting assaulted, or falling off.

When the train arrived, everybody was there, ready—a bunch of people. We approached the train and some people were loading the cars while we waited. We tried to sleep on our cardboard box, and passed the entire night there in the cold, shivering—we had spent fourteen hours on the train tracks, waiting. Finally the train began to leave around eight o'clock in the morning. We saw that the train was moving and everybody was shouting and running to get on the train. I climbed up with my backpack and cardboard box, two small bottles of water, and a bag of bread. People had to push one another in order to climb up, and someone above gave me a hand. The entire train was filled with people, everybody sitting on top of the boxcars. The train was very long, and there were like two hundred people on each car. As we were leaving Arriaga, many people from the town came to say goodbye.

There, on the roof of the boxcar, I was sitting close to César, Antonio and Kevin. There weren't any other women on my car. Almost all of the passengers were men, all from other countries—there was not one Mexican. Even though I was the only woman, I wasn't afraid, I felt trust, because we were all in the same situation, with the same fear of being caught by the police and concerns about the future. When you leave your country, you don't know what's going to happen in your life, you don't know if you're going to live, you don't know if you are going to cross over to the United States or if you're going to return. After being attacked in Tuxtla Gutiérrez, where I was about to die, all fear had left me, I was not afraid of anyone. But I didn't trust everyone, either. For example, on the train a *coyote* approached me and said, "Where are you going?" and I told him, "To the Border." "Are you going alone?" he asked. "Yes." "Well,

sas de diferentes colores lindos, se veía muy bonito. Compartíamos nuestra agua y la gente bromeaba, y me sentía muy feliz. Los viajeros gritaban, "¡Qué viva Guatemala! ¡Qué viva Honduras! ¡Qué viva El Salvador!" Pero, al final, era muy duro ver a toda la gente sobre el tren. ¿Cómo te sentirías al ver mucha gente de tu país cruzando la frontera, sufriendo? Era probable que muchos serían deportados. Muchos se morirían en el desierto. Muchos serían robados. Era una lástima que mucha gente tuviera que salir de su país. Era mi gente.

A veces me sentía sola, pero me sentía feliz también de que iba a medio camino. Yo tampoco sabía qué iba a pasar conmigo. Le pedí a Dios que me siguiera dando fuerza y que ayudara a las otras personas.

Después de dos horas en la montaña el tren se descompuso y se paró. Allá, por casualidad, había muchos árboles de mango. Algunos muchachos se bajaron y recogieron los mangos y nos los tiraban mientras estábamos sentados en el techo del vagón. Hacía mucho calor, mucho. Muchas personas tenían sed, hambre. Estábamos sufriendo, pero nos teníamos que aguantar. El tren corrió por cuatro horas más, y hacía aún más calor.

Pasamos un pueblo donde encontramos a muchas personas que nos estaban esperando en una línea larga al lado de la vía del tren. Cuando el tren pasó, nos empezaron a tirar agua en bolsas y botellas, nos tiraron comida, y todos nosotros que estábamos sentados sobre el tren les gritábamos "¡Gracias!" Muchos estaban felices, pero muchos también estaban llorando. En ese momento me sentí bendecida y feliz, porque después de seis horas de aguantar mucha sed y mucho calor, la gente del pueblo nos regaló algo. Entonces, ellos nos gritaron, "¡Adiós! ¡Buena suerte!"

Pero en ese momento también me dio mucha lástima porque muchas personas se bajaron del tren para ir al baño, y el tren siguió adelante y los dejó allí. Todo el mundo es-

come with me, I'll take you." I didn't trust his intentions and told him, "No thanks."

The men cut branches from trees while we went through the mountains. We lashed sheets to the branches to protect us from the sun, because it was really hot. At first, when the people climbed up on the train wearing shirts of different colors, it looked very beautiful. We shared our water and people joked round, and I felt happy. The travelers shouted, "Long live Guatemala! Long live Honduras! Long live El Salvador!" But ultimately it was very hard to see all the people on top of the train. How would you feel if you saw many people who are from your country crossing the border, suffering? Probably many people would get caught and be deported. Many would die in the desert. Many would be robbed. It was a pity that so many people had to leave their country. They were my people.

At times I felt very alone, but I also felt happy that I was halfway there, although I didn't know what was going to happen to me. I asked God to continue to give me strength and help the other people.

After two hours in the mountains, the train broke down and came to a stop. There, by chance, there was a bunch of mango trees. Some of the men climbed down and picked mangoes and threw them to us who were sitting on the roof of the boxcar. It was very hot, terribly hot. Many people were thirsty and hungry. We were suffering, but we had to put up with it. The train went on for four more hours and it got even hotter.

We passed through a town where we found many people who were waiting for us in a long line beside the train tracks. When the train passed by, they began to throw water to us in bottles and bags, they tossed us food, and all of us on top of the train shouted, "Thanks!" Many were happy, but many were crying, too. In that moment I felt blessed and happy, because after six hours of putting up with a lot

taba gritando en desesperación. Ellos corrieron para tratar de subir al tren, pero no lo alcanzaron—eso fue muy doloroso para mí.

Así seguíamos, y a veces encontrábamos algunos insectos, como abejas, y teníamos que espantarlas para que no nos picaran. A las siete de la noche—once horas después de salir por tren de Arriaga—estaba lloviendo, hacía mucho frío, y no teníamos nada para cubrirnos, solo una bolsa de plástico. Al fin, a las nueve de la noche llegamos a Ixtepec, donde muchos de nosotros nos bajamos. El tren no paró, iba caminando despacio mientras nosotros tratábamos de bajar. Mucha gente se lastimó cuando saltó del techo del

Yo salté de la escalera, mientras el tren caminaba muy despacio en la oscuridad.

tren y se cayó. Yo salté de la escalera, mientras el tren caminaba muy despacio en la oscuridad.

Oaxaca

Cuando llegamos a Ixtepec, teníamos mucha hambre—habíamos estado viajando por cinco días. Se veía mucha gente vendiendo comida cerca de la vía del tren, y me sentí contenta. Compré la comida con parte del poco dinero que tenía, y todos los compañeros comieron también. Encontramos un hotel y nos quedamos allí por la noche. Las familias de mis compañeros les habían mandado dinero de Guatemala, y yo usé mi dinero. No alquilamos un cuarto, dormimos afuera del hotel en una manta con mucha gente. Por la mañana buscamos un bus para irnos a Oaxaca. Fuimos por bus hasta Juchitán, y de allí fuimos a otro pueblo. Vinimos a una terminal grande, donde había muchos otros inmigrantes indocumentados, con diferentes coyotes. Subimos juntos a un bus. El chófer sabía que muchos de nosotros éramos puros inmigrantes, por lo que tuvimos que pagar

of thirst and heat, these strangers had given us something. Then they shouted to us, "Goodbye! Good luck!"

But at that moment I also felt pity because many people climbed down from the train to go relieve themselves, and the train went on and left them there. Everyone was shouting in desperation as they ran to try to climb on the train, but they weren't able to—they were left behind. That was very painful for me.

So we continued on, and at times we came upon bunches of insects, like bees, and we had to scare them off so they wouldn't sting us. At seven o'clock in the evening—eleven hours after leaving by train from Arriaga—it was raining, it was really cold, and we didn't have anything to cover ourselves up with, just a plastic bag. Finally, at nine o'clock we arrived at Ixtepec, where many of us got off. The train didn't stop, it kept going slowly while we tried to climb down. Many people hurt themselves when they jumped off

I jumped from the ladder, while the train slowly went on in the darkness.

the roof of the train and fell down. I jumped from the ladder, while the train slowly went on in the darkness.

Oaxaca

When we arrived at Ixtepec we were very hungry—we'd been traveling for five days. A bunch of people were selling food near the train, and I felt content. I bought food with part of the little money that I had, and all my fellow travelers ate, too. We found a hotel and stayed there for the night. The families of my companions had sent them some money from Guatemala, and I used my money. We didn't rent a room, we slept on a blanket outside the hotel with a bunch of other people. In the morning we looked for a bus to take us to Oaxaca. We went by bus to Juchitán, and from there

un poco más para ser protegidos. El chófer nos dijo que, para evitar a los Federales, teníamos que viajar en la noche cuando había menos policía, y que su bus era más seguro porque también tenía pasajeros que eran mexicanos. Antes de un retén, el bus nos dejó, y tuvimos que dar un rodeo para evitar la policía. Era la una de la mañana. Caminamos por una vereda en el monte por toda la noche en la oscuridad total, hasta que encontramos una carretera en el otro lado del retén. Antes, un coyote nos había dado el número de un señor con un carro que nos ayudaría. A las cuatro de la mañana nos recogió ese señor en su carro, en la carretera en el otro lado del retén. Él nos llevó a Oaxaca, tomó como una hora. Llegamos allá a las cinco de la mañana, y nos dejó en la terminal.

Ese era el sexto día de mi viaje.

En Oaxaca agarramos un bus de pasajeros, éramos los únicos inmigrantes en el bus. De allí, después de tres horas, llegamos a otro pueblo que se llamaba Acala. Nos quedamos en ese pueblo por un día y una noche.

La Policía Nos Para

En el octavo día, salimos en bus de Acala, yendo hacia México. A las tres de la mañana encontramos cuatro policías que estaban escondidos en la carretera. Los policías pararon el bus con sus luces rojas. En ese momento yo estaba muy nerviosa, y empecé a orar mucho, *Dios mío, ayúdame por favor, no dejes que me regresen.* Luego se subieron todos los policías, y nos gritaron, *"¡Sus papeles! ¡Sus papeles!"* Muchos mostraron sus documentos, porque eran de México, pero había más inmigrantes que pasajeros mexicanos. Entonces los policías nos dijeron a mí y los otros inmigrantes que nos bajáramos, y me separaron de mis compañeros. Un policía dijo, "Hay muchos inmigrantes aquí, muchos indocumentados—¿Qué vamos a hacer con esa gente?" Otro policía le

we went to another town. We saw a big bus station, where there were many undocumented immigrants, all with different *coyotes*. We climbed up into the bus together. The driver knew that many of us were illegals, so we had to pay a little more for protection. The driver told us that to avoid the *Federales*, we had to travel at night when there were fewer police, and he said that his bus was safer because it had Mexican passengers as well. The bus left us off before a roadblock, and we had to go around to avoid the police. It was one o'clock in the morning. We walked along a road in the mountains all night in total darkness, until we found a highway on the other side of the roadblock. Before, a coyote had given us the number of a gentleman with a car who would help us. At four o'clock in the morning he picked us up in his car, on the highway at the other side of the roadblock. He took us to Oaxaca, it took about an hour. We got there at five in the morning, and he let us off at the bus station.

It was the sixth day of my journey.

In Oaxaca we grabbed a passenger bus—we were the only immigrants on the bus. After three hours we arrived at another town called Acala. We stayed there for a day and a night.

The Police Stop Us

On the eighth day we left Acala, headed for Mexico City. At three in the morning we encountered four police who were hiding along the highway. The police stopped the bus with their red lights. At that moment I was really nervous, and I began to pray, *Dear God please help me, don't let them send me back.* Then all the police boarded the bus and shouted, "Your papers! Your papers!" Many showed their documents, because they were Mexican, but there were more immigrants than Mexican passengers. Then the po-

dijo, "Pues, tenemos que deportarlos". Cuando escuché eso me asusté, porque ya estábamos a punto de llegar a México, y no quería regresar. Un policía me preguntó, "¿De dónde vienes?" y le dije, "Vengo de Chiapas". Él me dijo, "Tu no vienes de Chiapas, dame tus documentos". Le dije, "No los traigo". "Tu traes toda esa gente", me dijo—¡él pensaba que yo era el coyote! "No, no traigo a nadie", pero no me creyó. Entonces me dijo, "Como tú traes toda la gente, yo necesito que me des mucho dinero". Le dije, "Nos acabaron de robar, me asaltaron, y así que no traigo dinero", y le mostré mi pantalón que los ladrones habían reventado. Me dijo, "Toda la gente dice eso". Yo le supliqué, "Por favor, ya estamos llegando a México, nos vinimos en el tren, tenemos hambre, hemos sufrido demasiado. Por favor, por favor". Entonces, el policía me dijo, "Busca a otras personas y pídeles cuánto dinero puedan juntar entre todos estos indocumentados". Había más de treinta personas que no llevaban papeles. El policía quería que les pagáramos por quedarse callados.

El policía solo habló conmigo, porque yo era la única persona del grupo de inmigrantes que le fue a suplicar que nos dejara seguir.

El policía solo habló conmigo, porque yo era la única persona del grupo de inmigrantes que le fue a suplicar que nos dejara seguir—las otras personas no dijeron nada, porque estaban asustadas. Fui a todos los inmigrantes que estaban parados afuera del bus, y les dije, "Denme diez o veinte pesos, no me den todo el dinero que traigan". Y todos dieron cinco, diez, veinte pesos. Al final yo le entregué el dinero a la policía, "Aquí está". Pero era nada más que doscientos. Me dijo, "Con esto, no va a alcanzar para comprar ni una soda". Le dije, "Por favor. No trajimos más dinero". Otro policía dijo, "No, ellos tienen más dinero". Entonces otro señor dijo, "Yo traigo cien más". Otros inmigrantes contribuyeron más, y finalmente se reunieron quinientos

lice told the other immigrants and me to get out of the bus, where they separated me from my companions. A police-man said, "There are a bunch of immigrants here, many of them without documents—what are we going to do with these people?" Another policeman said, "Well, we have to deport them." When I heard that, I was frightened, be-cause we were about to get to Mexico City, and I didn't want to go back home. A policeman asked me, "Where are you from?" and I told him, "I'm coming from Chiapas." He said, "You're not from Chiapas, give me your documents." I told him, "I didn't bring them with me." "You're bringing all of these people," he said to me—he thought I was a *coyote*! "No, I didn't bring anyone," but he didn't believe me. Then he said, "Since you're bringing all of these people, I need you to give me a lot of money." I said, "We were just robbed, I was assaulted, so I'm not carrying any money," and I showed him my pants that the thieves had torn. He said, "Everybody says this." I begged him, "Please, we're almost in Mexico City, we came by the train, we're hungry, we have suffered too much. Please. *Please*." Then the police-man told me, "Check out the other illegals and ask them how much money they can pull together." There were more than thirty people who weren't carrying papers. The po-

> The police only talked with me, because I was
> the only person in the group who went to them,
> pleading to let us continue on.

lice wanted us to pay them to keep quiet. The police only talked with me, because I was the only person in the group who went to them, pleading to let us continue on—the other people didn't say anything, because they were afraid. I went to all the immigrants who were standing outside the bus and I told them, "Give me ten or twenty pesos, don't give me all the money you're bringing." And everybody gave five, ten, twenty *pesos*. Finally I turned over the money

pesos. El policía nos dijo, "Está bien, váyanse. Y no digan nada al chófer. Dios les bendiga, que tengan suerte". Todos nosotros nos quedamos tranquilos. Nos subieron al bus, y toda la gente andaba callada.

Ciudad de México

Al fin, a las ocho de la mañana llegamos a México, donde el bus nos dejó a mí y mis tres compañeros en una parada de un tren. Leímos el mapa y agarramos un tren para la terminal de buses en el centro de la cuidad.

Yo había viajado por once días, y no me había comunicado con mi familia desde que me fui. Mi mamá no sabía nada de mí, ella pensaba que yo había ido a trabajar en algún pueblo en México. No extrañaba a mi familia ni a nadie en ese momento, porque estaba enfocada en el próximo paso de mi viaje—cómo llegar a la frontera.

Mis compañeros y yo fuimos a la terminal de buses, donde hicimos diferentes planes para pasar por la frontera. Ellos iban por el Río Bravo (los americanos lo llaman el Río Grande) en la frontera con Texas, porque ya tenían una persona allí que les estaba esperando en el otro lado del río. Y yo iba para Altar, en el estado de Sonora, que está en la frontera con Arizona. Muchas personas de mi comunidad han cruzado por Altar, porque no hay un río—dicen que es muy peligroso cruzar por el Río Bravo. Muchos se ahogan en este río, y yo no sabía nadar. Yo había escuchado historias de que el pueblo de Altar era muy chiquito, y allí se puede buscar a un coyote para llevarle a través de la frontera, y hay una iglesia y muchas tiendas donde se puede comprar ropa para el viaje. Mientras estaba esperando el tren en Arriaga, escuché muchas conversaciones entre la gente—"¿A dónde vas?" "Voy para Altar, etc.". Allí conocí a un muchacho que me dijo, "Aquí está un número telefónico de un coyote allá". En México llamé al coyote e hice

to the police, "Here it is." But it was no more than two hundred. He told me, "With this I can't buy even a soda." I said to him, "Please, we didn't bring any more money with us." Then another man, said, "I have a hundred more." Other immigrants contributed more, and finally five hundred *pesos* were pulled together. The police told us, "Fine, get out of here. And don't say anything to the driver. God bless you, good luck." All of us stayed calm. We got on the bus, and everyone kept quiet.

Mexico City

Finally, at eight o'clock at night we arrived in Mexico City, where the bus left me and my travel mates at a train stop. We read the map and caught a train for the bus terminal in the center of the city.

I had traveled for eleven days and hadn't communicated with my family since I left. My mother didn't know anything about where I was, she thought that I had gone to work in some village in Mexico. I wasn't missing my family or anybody at that moment, because I was focused on the next step of my trip—how to get to the border.

My companions and I went to the bus station, where we made different plans for crossing over the border. They were going to the Rio Bravo (the Americans call it the Rio Grande), along the border with Texas, because they already had a person there who was waiting on the other side of the river. I was headed for Altar, in the state of Sonora, on the border with Arizona. Many people from my community had crossed over through Altar, because there isn't any river—they say it's really dangerous to cross over by the Rio Bravo. Many drown in this river, and I didn't know how to swim. I had heard stories that Altar was a really small town, where you can look for a *coyote* to take you across the border, and there is a church and many shops

un plan para reunirme con él cuando llegara a Altar. Yo estaba más contenta porque tenía una persona que me iba a esperar y ayudarme a cruzar la frontera.

Cuando llegué a México, ya no tenía más dinero. Después de que me robaron en Chiapas, había gastado todo el dinero que me había dejado para los buses y la comida. Les dije a mis compañeros, "Como no tengo dinero, voy a quedarme en México para trabajar y ganar dinero para seguir mi camino". Entonces César agarró su cartera, y me dijo, "Quiero que tú sigas tu camino ahora, no te des por vencida. Tú tienes un sueño, y confío en ti y tu camino, no te quedes parada a medio camino. Sigue. ¡Sigue! Te voy a ayudar—toma este dinero". Me dio dos mil quinientos pesos—bastante para llegar a la frontera. Le dije, "Yo prometo, algún día te lo voy a pagar, aunque sea en dos o tres años". Él me dijo, "Yo tuve la culpa. Estaba borracho en ese momento cuando los narcos nos robaron. Por eso, quiero ayudarte".

Le di el número de mi mamá, para que pudiera contactarme.

Mis tres compañeros y yo nos despedimos en la terminal de buses, y ellos lloraron porque vieron que yo iba sola. Lloré por ellos porque no sabía qué les iba a pasar.

Mis tres compañeros y yo nos despedimos en la terminal de buses, y ellos lloraron porque vieron que yo iba sola. Lloré por ellos porque no sabía qué les iba a pasar. Para mí era muy difícil, porque convivimos por muchos días y éramos como amigos, nos llevábamos bien y compartíamos tantas cosas. Dijimos, "Que Dios te bendiga en tu camino, que tengas mucha suerte", y nos abrazamos.

Ellos iban a agarrar otro bus, y me quedé sola. Ese fue el primer día que estaba viajando completamente sola, y tenía un poco de miedo—me había acostumbrado a viajar con

where you can buy clothes for the trip. While I was waiting for the train in Arriaga, I heard many conversations among the people—"Where are you going?" "I'm going to Altar, etc." There I met a guy who said, "Here's a phone number of a *coyote* there." In Mexico City I called the *coyote* and made a plan to meet him when I arrived in Altar. I was happier, now that I had a person who was going to wait for me and help me cross the border.

When I arrived in Mexico City, I didn't have any money. After they robbed me in Chiapas, I'd spent what money I had left on buses and food. I told my friends, "Since I'm broke, I'm going to stay here in Mexico City to work and earn money to continue on to the border." Then César took out his wallet and said to me, "I want you to continue on your path now, don't give up. You have a dream and I trust in you and your path, don't stop half-way. Go on. Go on! I'm going to help you—take this money." He gave me two thousand five hundred *pesos* (one hundred thirty-five dollars)—enough to get to the border. I told him, "I promise you, one day I will re-pay you, even if it's in two or three years." He said, "It was my fault. I was drunk at the time that the *narcos* robbed us. That's why I want to help you."

I gave him my mother's phone number, so he could contact me.

> **My three traveling companions and I said goodbye in the bus station, and they cried because they saw that I was all alone. I cried for them, because I didn't know if they were going to get there.**

My three traveling companions and I said goodbye in the bus station, and they cried because they saw that I was all alone. I cried for them, because I didn't know if they were going to get there. It was very hard for me because we were together for many days and were like friends, we really got along well and shared so many things. We said,

mis tres amigos. Por supuesto, me sentí triste. Hablé con gente y me dijeron cómo era México de allí en adelante, y que había un retén entre México y Guadalajara. Para evitar el retén, compré un boleto para llegar a Querétaro, y de allí pagué por un boleto directo para Guadalajara. Entonces tomé un bus hasta Hermosillo, que está cerca de la frontera. Pasé por Mazatlán, Culiacán, Obregón y Guaymas.

A las seis de la tarde llegué a Mazatlán donde había otro retén grande. El policía subió al bus, y empezó a revisar los documentos de los pasajeros. Yo trataba de estar calmada y actuar como si fuera mexicana. El policía pasó pidiendo a cada persona sus documentos, y todos mostraban sus papeles, y yo pidiendo a Dios, *Por favor*. Entonces dio una vuelta, y me ignoró. Se bajó, sin pedir mis papeles. Fue un milagro lo que acababa de pasar.

Entonces los policías le pidieron a otro muchacho sus papeles, y cuando no pudo mostrárselos lo bajaron y lo arrestaron.

Había un muchacho que iba para Tijuana sentado junto a mí—su familia vivía allí. Yo le había dicho que era de Guatemala, con ganas de irme a los Estados Unidos. Me dijo, "Que tengas mucha suerte. Si no cruzas la frontera, o si la Migra te hace regresar, aquí está mi número. Me llamas—puedo ayudarte a buscar trabajo en Tijuana". En mi viaje había aprendido cómo cuidarme y tomar muchas precauciones, y cómo decidir si una persona tenía malas intenciones. Confié en ese muchacho, que se veía muy amable, y le dije, "Gracias, si me agarran en la frontera, posiblemente te llamaré".

Al Fin: Altar y la Frontera

Después, seguí mi camino. Llegué a Altar a las once de la noche, y allí me bajé del bus. Estaba muy oscuro y hacía mucho frío—yo estaba temblando porque vestía una blusa

"May God bless you on your path, good luck," and hugged each other.

They went to catch another bus, and I was alone. That was the first day that I was traveling completely alone, and I was a bit afraid—I had gotten used to traveling with my three friends. Of course, I felt sad. I talked with people and they told me what Mexico was like from there on out, and that there was a checkpoint between Mexico City and Guadalajara. In order to avoid the checkpoint I bought a ticket to Querétaro, and from there paid for a ticket directly to Guadalajara. Then I took a bus to Hermosillo, which was close to the border. I went through Mazatlán, Culiacán, Obregón and Guaymas.

At six in the evening I arrived in Mazatlán, where there was another big checkpoint. The police climbed up into the bus and began to review the passengers' documents. I tried to remain calm and act like I was a Mexican. The policeman passed by, asking every person for their documents, with everyone showing their papers and me asking God, *Please.* Then he turned around and passed me by. He got out without asking for my papers! What had just happened was a miracle.

Then the police asked another guy for his papers, and when he couldn't show them, they took him out and arrested him.

There was this young man who was going to Tijuana sitting next to me—his family lived there. I had told him that I was from Guatemala, with hopes of going to the United States. He told me, "Good luck. If you don't get across the border, or if *la migra* sends you back, here's my number. Call me—I can help you look for work in Tijuana." In my travels I had learned how to take care of myself and take many precautions, and how to decide if a person had bad intentions. I trusted this boy, who seemed very friendly, and I told him, "Thanks, if they grab me at the border, possibly I'll call you."

muy ligera. Era un pueblito, nada más. Solo había una iglesia y pocas tiendas, y un parque donde todos los inmigrantes se juntaban—era lo mismo que había imaginado. Allí había un hombre con muchos tatuajes y con el pelo largo. "¿Niña, necesitas ayuda?" me dijo, "¿Estás buscando un coyote?" Yo estaba aterrorizada porque era la única chica en la calle. Tenía pánico, y trataba de tranquilizarme, pero no podía. Pensé, *¡No voy a morir aquí, tan cerca de la frontera!* "No", le dije, "lo tengo". Y me dijo, "OK. No tengas miedo". Entonces me compró un café de una señora en la calle. Me sentía más segura, porque había otra mujer allí.

El hombre con tatuajes me ofreció su teléfono para llamar el coyote que yo había contactado desde Ciudad de México. Marqué el número y el coyote respondió y me dijo, "Te estoy esperando aquí, cerca de la iglesia. ¿Cómo vienes vestida?" "Yo llevo una blusa rosada". Y él llegó y me dijo, "¿Tú...tú eres...?" Y le dije, "Sí". Me dijo, "Me llamo Wilmer. Mucho gusto". Era alto y gordo, y tenía más o menos treinta años. Nos fuimos caminando, pero tenía mucho miedo porque la calle era completamente oscura y porque no le conocía a él. Él quería cargar mi mochila, pero no quise dársela. "¿Comiste?" me preguntó. Le dije, "No, tengo mucha hambre".

Wilmer y yo llegamos a la casa, y había otras personas de El Salvador y Guatemala que iban a cruzar la frontera. Una era una señora mayor, y me quedé tranquila. El coyote me dijo, "Yo soy de Guatemala, también, sé dónde tú vives". Se me quitó el miedo, me sentía más segura y tenía confianza en él. Después de trece días, ya estaba en la frontera, ya tenía un coyote. Comí una sopa, y estaba tranquila. Le dije al muchacho, "Mañana me voy a la iglesia", y me dijo, "Está bien, vamos. ¿Vienes a los Estados Unidos sola?" "Sí", le dije, "vengo sola". Él me dijo, "Nunca he visto a una chica tan joven venir sola como tú". Decidí que el coyote era muy buena gente.

Finally: Altar and the Border

After that, I continued on my way. I arrived at Altar at eleven o'clock at night, and got off the bus. It was very dark and cold—I was shivering because I wore a really light blouse. It was a little town, nothing more. There was only a church and a few stores, and a park where all the immigrants got together—just like I had imagined. There was a man with many tattoos and long hair. "Girl, do you need help?" he said. "Are you looking for a *coyote*?" I was terrified because I was the only girl in the street. I panicked and tried to calm myself, but I couldn't. I thought, *I'm going to die here, so close to the border!* "No," I told him, "I've got one." And he told me, "OK. Don't be afraid." Then he bought me a coffee from a lady who sold coffee in the street. I felt safer, because there was another woman there.

The man with tattoos offered me his telephone to call the *coyote* that I had contacted from Mexico City. I dialed the number, and the coyote answered and said, "I'm waiting for you here near the church, what are you wearing?" "I'm wearing a pink blouse." And he arrived and said to me, "You . . . you are . . . ?" And I said, "Yes." He said, "My name is Wilmer, my pleasure." He was tall and fat, and was about thirty years old. We went for a walk, but I was really afraid because the street was completely dark and I didn't know him. He wanted to carry my backpack, but I didn't want to give it to him. "Did you eat?" he asked. I told him, "No, I'm really hungry."

Wilmer and I arrived at the house where there were people from El Salvador and Guatemala who were going to cross over the border. One was an older woman, and I relaxed. The *coyote* told me, "I'm from Guatemala, too, I know where you live." My fear left me, I felt safer and trusted him. After thirteen days, I was on the border and I had a *coyote*. I ate some soup and was at peace. I told the

El próximo día me levanté, y las otras personas salieron para la frontera y me quedé sola con Wilmer. "No te preocupes", me dijo, "te vas a cruzar la frontera". Pero yo necesitaba dinero para pagarle, porque había gastado todo mi dinero en mi viaje desde México. Para cruzar la frontera solo se puede usar dólares para pagar al coyote—no puedes usar pesos. Decidí llamar a mi hermano en Carolina del Norte—yo no había tenido contacto con él, él no sabía que yo estaba viajando a los Estados Unidos. Le llamé a mi hermano para preguntarle si me podía ayudar, y me dijo, "No te puedo ayudar, porque no tengo dinero". Wilmer me dijo, "Vamos a darte tiempo—si quieres quedarte trabajando acá en Altar para ganar el dinero, puedo ayudarte a buscar trabajo". Entonces mi hermano me llamó al día siguiente, y me dijo, "Ya está bien, te voy a ayudar". Tuve que esperar, porque él me iba a mandar el dinero—quinientos dólares. Fui a la iglesia, porque estaba feliz—yo iba a ver a mi hermano, después de tantos años.

Y luego mi hermano me mandó el dinero, y Wilmer me llevó para comprarme la ropa que necesitaba para cruzar la frontera. Teníamos que usar pantalones verdes, un suéter verde, y una mochila verde—como el camuflaje que usan los soldados—para que la guardia fronteriza no nos pudiera ver. El coyote tenía un hermano que traía otra gente para cruzar, y tuvimos que esperar a esas personas de México y Guatemala como por tres días. Wilmer nos llevó a la tienda para comprar la comida para cargar por el desierto. Compramos atún en lata, un paquete de tortillas de harina, una bolsa de frijol cocinado, manzanas, yogur, tres botellas de *Gatorade* y un galón de agua. Mi mochila pesaba mucho. Teníamos todo listo para el camino.

Había otra persona que se llamaba *Chupaflores* que iba a viajar con nosotros—le había suplicado a Wilmer que le permitiera venir con nosotros para aprender cómo ser un coyote. Él parecía muy nervioso y asustado. Yo no tenía

muchacho, "Tomorrow I'm going to church," and he said, "That's cool, let's go. Are you coming to the United States alone?" "Yes," I said, "I am by myself." He told me, "I have never seen such a young girl coming by herself like you." I decided that Wilmer was a good person.

The next day I got up and the other people left for the border, and I was all alone with Wilmer. "Don't worry," he said, "you're going to get across the border." However, I needed money to pay him, because I had spent all of my money on my trip from Mexico City. In order to cross the border you can only use dollars to pay the *coyote*—you can't use pesos. I decided to call my brother in North Carolina—I hadn't had contact with him, he didn't know that I was traveling to the United States. I called my brother to ask him if he could help me, and he said, "I can't help you because I don't have any money." Wilmer told me, "We'll give you time—if you want to stay and work here in Altar in order to make some money, I can help you look for work." Then my brother called me the next day and said, "It's OK now, I'm going to help you." I had to wait, because he was going to send me the money—five hundred dollars. I went to church, because I was so happy—I was going to see my brothers after so many years.

Then my brother sent me the money, and Wilmer took me to buy me clothes that I needed to cross over the border. We had to wear green pants, a green sweater and a green backpack—like the camouflage that soldiers use—so the border patrol couldn't see us. The *coyote* had a brother who brought some other people who were crossing over, and we had to wait for those people from Mexico and Guatemala like for three days. Wilmer took us to the store to buy food to carry in the desert. We bought canned tuna, a package of wheat tortillas, a bag of cooked beans, apples, yogurt, three bottles of Gatorade and a gallon of water. My backpack was really heavy. Everything was ready for the trip.

ninguna confianza en este muchacho, pero confiaba en Wilmer, porque me había respetado mucho y me cuidaba bien. En total, éramos ocho—tres mujeres, tres hombres, Chupaflores y Wilmer.

Capturada

Salí de Altar muy de madrugada el veinte de enero, llevando mi mochila. En ese momento estaba nerviosa, pero también estaba feliz, porque iba a cruzar la frontera y entrar a los Estados Unidos. Los ocho íbamos en un carro, y a las dos de la tarde encontramos un retén de soldados mexicanos. Estaba muy ansiosa, pero ellos no nos demandaron nuestros papeles, ni nos preguntaron de dónde éramos. Solo nos saludaron, "Suerte", y nos dejaron pasar. Finalmente llegamos a una casa donde un señor allí iba a darle a Wilmer instrucciones acerca de cómo cruzar el desierto, porque era un camino nuevo por donde nuestro coyote no había traído gente antes. Bajamos nuestras cosas del carro, y el carro nos dejó. Tuvimos que cargar nuestras mochilas, y en ese momento nos dijeron que teníamos que caminar rápido—estábamos a punto de entrar en los Estados Unidos. Me sentía preparada, no estaba cansada, y estaba dispuesta a correr.

Como expliqué en el comienzo de mi historia, después de dos noches de correr y escondernos en el desierto, Inmigración nos agarró. Había viajado más de tres mil kilómetros y medio en busca de mis sueños, y estaba segura de que habían terminado.

Después de arrestarnos, la Patrulla Fronteriza nos llevó en una furgoneta por dos horas hasta un lugar en el desierto donde detenían a todos los inmigrantes. Había muchísima gente en ese lugar que había sido recientemente capturada—niños y madres, hombres, mujeres—algunos dormidos

There was another person called *Chupaflores* (Hummingbird) who was going to travel with us—he had begged Wilmer to let him come with us to learn how to be a *coyote*. He seemed very nervous and frightened. I didn't have any trust in him, but I trusted Wilmer because he had respected me a lot and took good care of me. All in all, we were eight—three women, three men, *Chupaflores* and Wilmer.

Captured

I left Altar at early dawn on the twentieth of January, carrying my backpack. At that moment I was anxious, but I was happy, too, because I was about to cross over the border and enter the United States. The eight of us traveled in a car, and at two o'clock in the afternoon we came across a roadblock manned by Mexican soldiers. I was really nervous, but they didn't demand our papers or ask what country we were from. They just greeted us, "Good luck," and let us pass by. Finally, we arrived at a house where a man was going to give Wilmer directions on how to cross the desert, because there was a new trail where our *coyote* hadn't brought people before. We unloaded our things from the car and the car left. We had to load up our backpacks, and at that moment they told us we had to walk really fast—we were about to enter the United States. I felt prepared, I wasn't tired, and I was ready to run.

As I explained at the beginning of my story, after two nights of running and hiding in the desert, Immigration finally caught us. I had traveled over two thousand miles in search of my dreams, and I was sure that they had come to an end.

After arresting us, the Border Patrol took us in a van for two hours to a place in the desert where they detained all the immigrants. There were a bunch of people in that place

> **Había muchísima gente en ese lugar que había sido recientemente capturada—niños y madres, hombres, mujeres—algunos dormidos en el piso, algunos sentados, algunos cubiertos en plástico para protegerles de la lluvia.**

en el piso, algunos sentados, algunos cubiertos en plástico para protegerles de la lluvia. Me sentía muy mal cuando veía a tantas personas que iban a ser deportadas a su país—me dio escalofríos. En ese momento temía que me iban a deportar también.

Nos encerraron, y después me preguntaron mi nombre, de dónde yo era, a dónde iba a ir. Les di el nombre de mis hermanos y de mi mamá y papá. Ninguno de ellos sabía dónde yo estaba. Estaba llorando, me sentía muy asustada, no sabía qué iba a pasar conmigo.

Casa de los Sueños

Inmigración nos subió en un bus donde había muchos menores como yo. Nos mandaron a un centro de detención en Tucson—era muy grande, lleno de gente. Estábamos separados en áreas diferentes para niños, mujeres y hombres. Yo estaba solamente con chicas—más o menos veinticinco.

Después de cuatro horas en Tucson, nos mandaron a mí y otros tres chicos a Fénix, Arizona, en una *van* de la Patrulla Fronteriza. Teníamos mucha hambre, y la guardia nos dio algunas galletas y agua para el camino. Yo estaba un poco más tranquila, porque la policía iba a mandarme más adentro de los Estados Unidos en vez de mandarme a México. No sabía qué iba a pasar conmigo, pero todavía tenía esperanza.

Finalmente llegamos a Fénix a las siete de la noche, y me pusieron en un centro de detención en un programa que se llamaba *Casa de los Sueños*. Había dos casas separa-

There were a bunch of people in that place who had been recently captured—children, mothers, men, women—some sleeping on the floor, some sitting up, some covered in plastic to protect them from the rain.

who had been recently captured—children, mothers, men, women—some sleeping on the floor, some sitting up, some covered in plastic to protect them from the rain. I felt so bad when I saw so many people who were going to be deported to their country—it gave me chills. At that moment I was afraid that they were going to deport me, too.

They locked us up, and afterwards they asked me my name, where I was from, where I was going. I gave them the name of my brothers and my mother and father. None of them knew where I was. I was crying, I was very scared, I didn't know what was going to happen to me.

House of Dreams

Immigration put us in a bus where there were a lot of young people like me. They sent us to a detention center in Tucson—it was huge, full of people. We were separated in different areas for children, women and men. I was only with girls—more or less twenty-five.

After four hours in Tucson, they sent me and three other teenagers to Phoenix in a Border Patrol van. We were really hungry, and the guard gave us crackers and water for the road. I was a bit more calm, because the police were sending me further inside the United States, rather than back to Mexico. I didn't know what was going to happen to me but I still had hope.

Finally we arrived in Phoenix at seven at night, and they put me in detention in a program that was called *House of Dreams*. There were two separate houses—one for

das—una para los chicos, y otra para las chicas. Inmediatamente me quitaron la mochila. Vi dos personas amables que trabajaban allí—me dieron la primera sonrisa desde ser agarrada por Inmigración. Me sentí un poco aliviada, pero estaba nerviosa y muy asustada. Luego me dieron comida y me mandaron a bañarme—tuve que quitarme toda la ropa, y recuerdo que estaba sucia y llevaba muchas espinas en el suéter y los pantalones. Lavaron mi ropa y me la entregaron.

Me preguntaron a dónde iba, y comenté que me iba para Carolina del Norte para vivir con mis hermanos, Gabriel y Jesús. Me dijeron que iban a investigar sobre mis hermanos—fue muy difícil para mí, porque temía que ellos iban a deportar a mis hermanos. No podía dormir esa noche, estaba muy desesperada.

Había diez chicas en esa casa, y compartía un cuarto con tres de ellas. La casa era chica, con una cocina pequeña, dos baños y un patio para jugar. Dos adultos vivían allá, eran trabajadores sociales. Teníamos quehaceres diarios como ayudar con la limpieza de la casa o lavar los platos. Y yo tenía que tomar un curso de inglés.

Me llevaron a un doctor, donde me pusieron vacunas y me hicieron una prueba para tuberculosis. Tres días más tarde hablé con una consejera y con una abogada que investigaba mi caso. Tuve que declarar por qué había venido a los Estados Unidos. Estaba muy nerviosa—nunca había hablado con un abogado. La consejera también hizo muchas preguntas. Solo quise desahogarme en ese momento, y hablar con alguien que me escuchara. Con ella sentí confianza, y empecé a platicar acerca de por qué había venido a los Estados Unidos, cómo era mi vida allá en Guatemala, cómo había sufrido en mi camino. Me dio tanta pena contar mi historia.

No sabía que ella tenía la intención de compartir esta información con la abogada.

the boys and another for the girls. Immediately, they took away my backpack. I met two friendly people who worked there—they gave me the first smile since being caught by Immigration. I felt a bit relieved, but was still nervous and frightened. Then they fed me and sent me to take a bath—I had to take off my clothes, and I remember that they were really dirty and my sweater and pants were full of thorns. They washed my clothes, then gave them back to me.

They asked me where I was going, and I told them I was headed for North Carolina to live with my brothers, Gabriel and Jesús. They told me they were going to investigate my brothers—which was very hard for me, because I was afraid that they were going to deport them. I couldn't sleep that night, I was really desperate.

There were ten girls in that house, and I shared a room with three of them. The house was small with a tiny kitchen, two bathrooms and a patio to play in. Two adults lived there who were social workers. We had daily chores like helping with the house cleaning or washing the dishes. And I had to take an English class.

Then they took me to a doctor where they vaccinated me and did a test for tuberculosis. Three days later I spoke with a counselor and a lawyer who was investigating my case. I had to declare why I had to come to the United States. I was very nervous—I had never spoken with a lawyer. The counselor asked a lot of questions, too. I just wanted to let out all of my feelings at that moment, and talk with someone who would listen to me. I trusted her and began to tell her why I had come to the United States, what my life in Guatemala was like, how I had suffered on my trip. It caused me great pain to tell my story.

I didn't know that she had planned to share this information with the lawyer.

I still hadn't even been able to talk with my brothers or my mom. After three days, I was able to communicate

Aún no había podido hablar con mis hermanos ni con mi mamá. Al fin, después de tres días, me pude comunicar con Jesús por teléfono. Él me dijo, "Hola, Lili, ¿Cómo estás?" Mi hermano era tan amable y estaba tan preocupado por mí—yo sentía un gran cariño por él y quería estar con él. Después de hablar con mi hermano, me fui afuera al jardín para estar sola y llorar. Recuerdo que los dos consejeros—Jonathan y Diana—me apoyaron mucho durante ese tiempo difícil. Jonathan me dijo, "Todo va a estar bien", y me abrazó. Me sentía feliz, porque él era como mi hermano, y sentía mucho cariño por él. Emi, que era como la mamá del programa, me cuidaba también—todavía estoy en contacto con ella.

Estaba muy ansiosa, porque no sabía qué iba a pasar conmigo. Después de una semana los consejeros me dijeron que estaban investigando mi caso, obteniendo información acerca de mis papás—les tenían que pedir mi acta de nacimiento. Temía que las autoridades iban a encerrar a mis padres. No podía dormir y había dejado de comer. Me sentía sola, no podía estar feliz, cada día era más difícil. Diana me dijo, "Tienes que comer, tienes que ser fuerte". Jonathan me dijo, "Entiendo lo que te está pasando, porque me han pasado muchas cosas también y he salido adelante".

Estuve en esa casa de detención por cuatro meses.

Cumplí quince años el diez de febrero, mientras estaba encerrada en Fénix.

Cumplí quince años el diez de febrero, mientras estaba encerrada en Fénix. En Guatemala no es común celebrar los cumpleaños—la mayoría de las chicas ni siquiera sabe cuál es su fecha de nacimiento. En el programa me di cuenta de que mi cumpleaños ya había pasado y sentí una tristeza profunda.

Tenía que ver a mi abogada una vez cada semana, y después de dos meses me dijeron que tenía una cita en la

with Gabriel by telephone. He said, "Hi, Lili, how are you doing?" My brother was so friendly and worried about me—I felt a great affection for him and wanted to be with him. After speaking with him, I went out to the garden to be alone and cry. I remember that the counselors—Jonathan and Diana—helped me a whole lot during that difficult time. Jonathan told me, "Everything is going to be all right," and hugged me. I felt happy, because he was like my brother. Emi, who was like the mother of the program, took care of me, too—I'm still in touch with her.

I was very anxious, because I didn't know what was going to happen to me. After a week the counselors told me that they were investigating my case, getting information about my parents—they had to ask them for my birth certificate. I was afraid that the authorities were going to lock up my parents. I couldn't sleep and I stopped eating. I felt alone, I wasn't able to be happy, every day was harder. Diana said, "You have to eat, you have to be strong," Jonathan told me, "I know what you're going through, because many such things have happened to me, too; and I've been able to move on."

I was in the house of detention for four months.

I turned fifteen years old on the tenth of February, while I was locked up in Phoenix.

I turned fifteen years old on the tenth of February, while I was locked up in Phoenix. In Guatemala it's not common to celebrate birthdays—most girls don't even know their birth date. In the program I realized that my birthday had already passed and I felt a deep sadness.

I had to see my lawyer once a week, and after two months they told me I had a date with the court. They said that the authorities were investigating my brothers, to see if they had criminal records. I wasn't able to concentrate, I felt desperate, I just felt that they were going to deport me,

corte. Me dijeron que las autoridades estaban investigando a mis hermanos, para ver si ellos tenían un récord criminal. No me podía concentrar, me sentía desesperada, solo pensaba en si me iban a deportar, y más que nada, quería estar con mis hermanos en Carolina del Norte. Empecé a tener amistades en Casa de los Sueños, pero las otras chicas en la casa se iban después de dos semanas o un mes—y yo era la única que seguía esperando, esperando. Las otras chicas se ponían felices—"¡Por fin, por fin, me voy!" Cuando ellas se iban, y me quedaba, me sentía tan desesperada y sola—*¿Qué va a pasar conmigo?*

Después de seis semanas me informaron que no podía vivir con mis hermanos. No me dieron una explicación—posiblemente era porque no tenían papeles, o porque—como hombres, y por ser inmigrantes—trabajaban mucho y no iban a tener tiempo para cuidar de mí. Y evidentemente no había buenas condiciones donde ellos vivían. Se acabó mi plan de vivir con mis hermanos, y me sentía que todo estaba cayendo a pedazos.

Dos meses pasaron. Finalmente, la abogada habló conmigo otra vez. "Tienes tres opciones", me dijo. "La primera opción—vivir con tus hermanos—es imposible. La segunda opción es que puedes regresar a Guatemala. La tercera opción es que podemos seguir investigando para ver si tú tienes otro familiar aquí en los Estados Unidos, que tenga una buena situación para vivir". Me detuvieron más días en ese programa, luego llegó la abogada otra vez. "Tú tienes otra opción", me dijo. "Vamos a buscar a una familia *foster*". No sabía qué era una familia *foster*, eso no existía en Guatemala. Ella me explicó que esta familia sería responsable de mí y que yo viviría con ellos.

Le dije a Emi, "Si ellos deciden deportarme a Guatemala, voy a escapar del programa, no puedo regresar". Emi me dijo, "Lili, te aconsejo que tomes una familia *foster*. Un día tú vas a poder ver a tus hermanos. Con una familiar *fos-*

and more than anything I wanted to be with my brothers in North Carolina. I began to have friendships at the House of Dreams, but the other girls in the house went away after two weeks or a month—and I was the only person who kept on waiting, hoping. The other girls got all happy—"Finally, finally, I'm going!" When they went away and I stayed, I felt desperate and alone—*What's going to happen to me?*

After six weeks they informed me that I couldn't live with my brothers. They didn't give me an explanation—possibly it was because they didn't have any papers, or because—being men and being immigrants—they worked too much and weren't going to have time to take care of me. And evidently their living conditions weren't very good. My plan to live with my brothers was finished, and I felt like everything was falling apart.

Two months passed. Finally, the lawyer spoke with me again. "You have three options," she said. "The first option—living with your brothers—is impossible. The second option is that you can go back to Guatemala. The third option is that we can continue investigating to see if you have another family member here in the United States, who has a good living situation." They kept me a few more days in the program, then the lawyer came again. "You have another option," she said. "We're going to look for a foster family." I didn't know what a foster family was, that doesn't exist in Guatemala. She explained that a foster family would take responsibility for me and I would live with them.

I told Emi, "If they decide to deport me to Guatemala, I'm going to run away, I can't go back." Emi said, "I advise you to go with the foster family. One day you will be able to see your brothers. With a foster family you will have parents, a house with your own room, you will go to school." I began to dream, and made the decision.

While I waited for my foster family, I was very disappointed because I couldn't go be with my brothers; but

ter vas a tener unos papás, una casa con tu propio cuarto, vas a ir a una escuela". Empecé a soñar, y tomé la decisión.

Mientras esperaba mi familia *foster*, estaba muy decepcionada porque no podía irme con mis hermanos; pero al mismo tiempo me sentía contenta porque me iba a quedar en los Estados Unidos sin ser deportada—por lo menos temporalmente. Estaba más tranquila. Estuve esperando por dos semanas, hasta que encontraron una familia para mí que estaba en Filadelfia. Le pregunté a Emi, "¿Dónde está Filadelfia?" Ella me enseñó un mapa y me dijo, "Está lejos, pero está más cerca de Carolina del Norte donde viven tus hermanos". En ese momento me llamó la abogada y me dijo, "Tienes que hablar con tu nueva familia, y presentarte con ellos. Vamos a llamarlos". Me sentía nerviosa, pensativa, asustada—todo iba a ser un nuevo comienzo. Hablamos por el teléfono solo un rato. Yo no tenía ninguna experiencia con eso, todo era nuevo para mí. La madre me dijo, "Acá te esperamos". Pareció contenta.

Me quedé en el programa casi un mes más. Tenía que esperar la fecha en la corte, hasta que se decidiera si me iba a quedar acá o me iban a mandar con una familia *foster*. Entonces finalmente me dijeron, "Mañana te vas a ir". En ese momento me sentía muy infeliz porque iba a dejar a todas estas personas que ya había conocido en Fénix que se encargaban de mí, como Emi y Jonathan y Diana. Había estado en el programa con ellos por más de cuatro meses, y quería quedarme allá.

at the same time I felt very happy because I was going to stay in the United States without being deported—at least temporarily. I was more at peace. I waited for two weeks until they found a family for me that was in Philadelphia. I asked Emi, "Where's Philadelphia?" She showed me a map, and said, "It's very far away, but it is closer to North Carolina where your brothers live." At that moment, the lawyer called me and said, "You have to talk with your new family and introduce yourself to them. Let's call them." I felt nervous, filled with thoughts, frightened—it was all going to be a new beginning. We spoke on the phone for just a short while. I had no experience with this, all of it was new. The mother said, "We're waiting here for you." She seemed happy.

I remained in the program almost a month more. I had to wait for the court date, until it was decided whether I was going to stay there or they were going to send me to the foster family. Then, finally, they told me, "Tomorrow you leave." At that moment, I was very unhappy, because I was about to leave all those people that I had met in Phoenix who took care of me, like Emi and Jonathan. I had been in the program for more than four months, and I wanted to stay there.

Izquierda: Yo a los trece años— un año antes de escaparme de Guatemala

Left: Me at thirteen— a year before I escaped from Guatemala

Abajo: Mi Biblia y mis notas musicales que traje conmigo

Below: My Bible and my music notes that I carried with me

En Chiapas los retenes están en todas partes
In Chiapas checkpoints are everywhere

Montada en los vagones de La Bestia
Riding the boxcars of The Beast

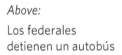

Above:

Los federales
detienen un autobús

The state police stop
a bus

Right:

Mi ropa para el
desierto

My desert clothes

Above:
Agarrada
Caught

Below:
Durmiendo bajo plástico en el centro de detención
Sleeping under plastic in the detention center

Filadelfia

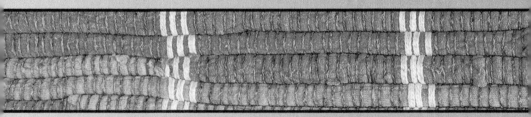

Con mis amigos de La Puerta Abierta
With my friends from La Puerta Abierta

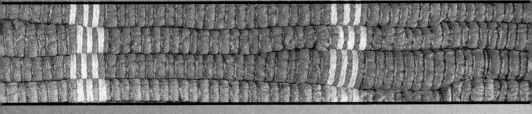

Philadelphia

Mi Primera Familia *Foster*

Salí el próximo día a las cuatro de la mañana para el aeropuerto, y estaba bastante nerviosa porque era la primera vez que iba a subir en un avión; pero no tenía miedo. Una señora que no conocía, una trabajadora social, iba conmigo, porque los menores agarrados por Inmigración no podían viajar solos. A las seis de la mañana salimos para Filadelfia. Yo estaba sentada cerca de la ventana del avión, y mientras subía estaba muy emocionada, porque podía ver hacia abajo. Era bien bonito, muy plano, con cientos de casas.

Primero el avión fue a Carolina del Norte. Allá, en el aeropuerto, me sentía frustrada porque estaba tan cerca de mis hermanos, y no pude llamarlos porque mi celular no funcionaba. Nos subimos en el avión otra vez, y seguía viendo por la ventana—quería quedarme con mis hermanos. Llegamos a Filadelfia a las cuatro de la tarde, el veintidós de mayo—casi cinco meses después de dejar a mi familia en Guatemala.

Cuando llegué al aeropuerto, la trabajadora social que me trajo de Fénix se fue. Había otras dos trabajadoras sociales de Filadelfia que vinieron de Lutheran Settlement. Ya no conocía a nadie. Yo había dejado a todas las personas que conocía en Fénix, y ahora había nuevas personas. Estaba agotada por todos los cambios.

María Isabel y Kirsten eran las nuevas trabajadoras sociales. Me trataron muy bien, y me llevaron del aeropuerto

My First Foster Family

I left for the airport at four in the morning the next day, and I was pretty nervous because it was the first time I was going to go up in an airplane; but I wasn't afraid. A lady who I didn't know, a social worker, went with me, because minors caught by immigration couldn't travel alone. At six a.m., we left for Philadelphia. I was seated close to the window, and when we went up I was excited because I could see down below. It was very beautiful, all flat with hundreds of houses.

First, the plane went to North Carolina. There in the airport, I felt frustrated because I was so close to my brothers, and I couldn't call them because my cell phone didn't work. We went up in the plane again and I kept looking out the window—I wanted to stay with my brothers. We arrived in Philadelphia at four in the afternoon on the twenty-second of May—almost five months after leaving my family in Guatemala.

When I arrived at the airport, my social worker who brought me from Phoenix left. There were two other social workers from Philadelphia who came from Lutheran Settlement. I didn't know anyone. I had left the people whom I knew in Phoenix, and now there were new people. I was exhausted by all the changes.

Maria Isabel and Kirsten were the new social workers. They treated me really well, taking me from the airport

a comprar ropa. Eran muy amables, muy buena gente. Me imaginaba que María Isabel era mi nueva mamá, y me sentía muy contenta. Después me dijeron, "Ahora vamos a ir a tu nueva casa", y aún yo seguía pensando que íbamos a la casa de María Isabel. Estuvimos manejando como cuarenta minutos. La nueva casa estaba en el norte de Filadelfia. Me pareció extraño, porque había mucha basura en la calle,

Era un barrio muy pobre—no era como en mis sueños. Me sentí que estaba en Guatemala, porque había tanta pobreza.

todo estaba muy sucio. Era un barrio muy pobre—no era como en mis sueños. Me sentí que estaba en Guatemala, porque había tanta pobreza. Me quedé muy sorprendida.

Llegamos a la casa de mi familia nueva. Se abrió la puerta y conocí a mi madre *foster*. Desde el primer momento que la vi me desesperé, porque en la cara no se veía amable. Se veía como una persona insincera, como si ella estuviera fingiendo; e inmediatamente sentí que no podía confiar en ella. Bueno, traté de ser amable con la señora—por lo menos tenía un lugar adónde vivir.

Fui al baño y encontré la casa muy sucia y desordenada, con pocos muebles. Me dije, *Tengo que echarle ganas, tengo que salir adelante, por ahora puedo quedarme en los Estados Unidos, me habían dado una oportunidad.* Todavía, estaba dispuesta a todo. Pero me pareció muy extraño y me sentí muy sola.

Comimos. Entonces quería estar en mi cuarto para descansar, y me fui a encerrarme allá. Pero casi no tenía espacio, mi cuarto era muy chiquito. Había dos camas—una para mí, y otra para otra chica que vivía allá, que tenía diecisiete años. Cuando ella llegó, le dije, "Hola, me llamo Liliana", pero ella no me quiso saludar.

Dormí y me levanté al siguiente día. Fui a la cocina para preparar el desayuno, pero en el refrigerador básicamente

to buy some clothes. They were very friendly, really good people. I imagined that Maria Isabel was my new mother, and was very happy. Afterwards they told me, "Now let's go to your new house," and still I continued thinking that we were going to Maria Isabel's house. We drove like forty minutes. The new house was in North Philadelphia. It seemed strange to me, because there was a lot of trash on

It was a very poor neighborhood— not like in my dreams. I felt like I was back in Guatemala, because there was so much poverty.

the street, everything was really dirty. It was a very poor neighborhood—not like in my dreams. I felt like I was back in Guatemala, because there was so much poverty. I was very surprised.

We arrived at the house of my new family. The door opened and I met my foster mother. From the first moment that I saw her, I felt desperate, because looking at her face, she didn't seem friendly. She looked like she was two-faced, like she was faking it; and immediately I felt like I couldn't trust her. Still, I tried to be friendly to the lady—at least I had a place to stay.

I went to the bathroom and found the house to be really dirty and messy, with hardly any furniture. I said to myself, *I have to keep pushing on, I have to go forward, for now I can stay in the United States and they have given me an opportunity.* Still, I was ready for anything. But I felt strange and alone.

We ate, and I wanted to be in my bedroom to rest, so I went there and closed the door. But there almost was no space, it was a tiny room. There were two beds—one for me, and the other for another girl who lived there, who was sixteen years old. When she came in, I said, "Hello, my name is Liliana," but she didn't want to greet me.

había poca comida. Me desesperé, porque en la casa de mis sueños había mucha comida.

Después de cinco días me mandaron a la escuela. Era una escuela muy grande con cientos de estudiantes. Allá me sentía muy sola, no conocía a nadie. Era la primera vez desde que tenía ocho años que iba a la escuela y no sabía cómo hacer nada. ¡Nada! Todas las clases eran en inglés, y los maestros no hablaban español. Ni sabía a dónde pedir ayuda, y nadie me explicó dónde estaba el baño, dónde almorzar, cómo ir a las diferentes clases. Al fin me pusieron en una clase de ESL, pero el profesor era un maestro de matemática. Había otros estudiantes que hablaban español, pero ya tenían sus amigos, y para mí era muy difícil entrar en sus grupos.

La situación en mi casa no se mejoraba. No me trataban súper-bien. La chica que era mi compañera de cuarto no quería compartir su cuarto, era muy egoísta. Yo trataba de ser fuerte. La familia era cristiana, de La Iglesia de Cristo, y era muy estricta. No podíamos escuchar música, no podíamos ver la tele, ni usar el teléfono. Traté de acostumbrarme allí, pero para mí era imposible. No podía usar el celular que había traído de Guatemala para hacer llamadas telefónicas—pero como tenía memoria, podía usarlo para escuchar música en secreto.

Yo quería hablar con mis hermanos, pero no podía—la madre de la casa no quería prestarme su teléfono para llamarlos. La última vez que había hablado con mi mamá y mis hermanos fue desde Fénix, cuando les dije que me iban a mandar para vivir con una familia en Filadelfia. Mi trabajadora social les dijo a mis padres *foster* que la regla era que yo podía usar el teléfono de la casa cada quince días para llamar a mis hermanos. Al fin, llegó el día para llamar a mis hermanos, pero no pude hablar por mucho tiempo. Y no pude hablar tranquilamente, estaba muy nerviosa, porque toda la familia estaba sentada en el sofá junto a mí,

I fell asleep and got up the next morning. I went to the kitchen to fix breakfast, and in the fridge there was practically no food. I felt desperate, because in the house of my dreams there was plenty of food.

After five days they sent me to school. It was a huge school with hundreds of students. I felt very alone there, I didn't know anybody. It was the first time since I was eight years old that I had gone to school, and I didn't know how to do anything. Nothing! All the classes were in English, and the teachers didn't speak Spanish. I didn't know where to go to ask for help, and nobody explained to me where the bathroom was, where to go for lunch, or how to go to the different classes. Finally they put me in an ESL class, but the teacher was a mathematics teacher. There were other students who spoke Spanish, but they already had their own friends, and it was hard for me to join their groups.

The situation in my house didn't get better. They didn't treat me super-well. The girl who was my roommate didn't want to share her room, she was very self-centered. I tried to be strong. The family was Christian, of the Church of Christ, and very strict, so we couldn't listen to music, we couldn't watch TV or use the telephone. I tried to get used to being there, but it was impossible. I couldn't use the cell phone that I had brought from Guatemala to make calls. But it had some memory, so I could listen to my music in secret.

I wanted to speak with my brothers, but I wasn't able to—my foster mother didn't want to loan me her phone to call them. The last time I had spoken with my mother and brothers was from Phoenix, when I told them they were going to send me to live with a family in Philadelphia. My social worker told my foster parents that the rule was that I could use the house phone every fifteen days to call my brothers. Finally, the day came to call my brothers, but I couldn't speak very long. I couldn't talk calmly, I was really

muy cerca—escuchando mi conversación. No me tenían confianza, pensaban que me iba a escapar, y tenían que escuchar lo que yo decía a mis hermanos. No podía tener ni un momento sola para hablar con ellos. Solo podía decir, "¿Cómo estás?" Aunque las cosas eran difíciles en la casa, les dije a mis hermanos, "Todo está bien, me tratan bien aquí, no se preocupen".

En la casa era muy difícil vivir. Había muchas reglas. A mí no me dejaban salir de la casa, me dijeron que era muy peligroso afuera. Entonces me mantenía allí dentro de la casa, pero tampoco podía estar en el cuarto que yo compartía con la otra chica, porque a ella no le gustaba que yo estuviera en su cuarto. La familia era muy reservada y no convivía mucho. Ellos comían por separado, nunca comíamos juntos y cada quien tenía que preparar su comida. Había poca comida—en el refrigerador solo encontraba arroz y frijoles y tortillas, y algunas veces huevos; pero no había frutas ni leche ni aceite. Muchas veces tenía mucha hambre, pero no podía pedir más comida porque la madre decía pues que yo tenía que comer lo que había. Algunas veces cuando quería desayunar antes de ir a la escuela, no encontraba ninguna comida, y me iba a la escuela sin comer. Yo preparaba mi comida con lo que encontraba en la cocina, y comía sola. La cocina estaba muy sucia, con moscas por todas partes, y no había platos limpios. Antes de comer, tenía que lavar los platos. Me sentaba en la mesa, sola, y antes de comer, oraba—me gustaba orar cuando comía.

Viví con esta familia por un año, y la situación empeoró aún más. Yo no encontraba una manera de estar tranquila, pero siempre trataba de ser amable con ellos. Decidí limpiar la casa. Hicimos una lista de los quehaceres de cada miembro de la familia para mantener limpia la casa, pero yo era la única persona que cumplía con los quehaceres. Y la señora siempre estaba en su cuarto—muchas veces no nos veíamos.

nervous because the entire family was sitting next to me on the sofa—listening to my conversation. They didn't trust me, they thought that I was going to run away and they had to listen to what I was saying to my brothers. I couldn't have even a single moment to talk with them alone. I could only say, "How are you?" Even though things were hard in the house, I told my brothers, "Everything's fine, they treat me well here, don't worry."

It was really difficult to live in that house. There were many rules. They didn't let me leave the house alone, they said it was very dangerous outside. So I had to stay inside the house, but I couldn't stay in the bedroom that I shared with the girl, because she didn't want me in her room. The family was really reserved, and they didn't spend much time together. They all ate alone, we never ate together and everyone had to fix their own meal. There was little food— in the refrigerator I only found some rice and beans and tortillas, and sometimes eggs; but there wasn't any fruit or milk or oil. Often I had to put up with a lot of hunger, but I couldn't ask for more food either, because the mother said I just had to eat what food there was. Sometimes when I wanted to eat breakfast before going to school, I didn't find any food, and I went to school without eating. I prepared my food with whatever I found in the kitchen and ate by myself. The kitchen was really dirty, with flies everywhere, and there weren't any clean plates. Before eating I had to wash the dishes. I sat at the table by myself and said grace before eating—I liked praying when I ate.

I lived with this family for a year, and the situation got even worse. I couldn't find any way to be at peace. But I tried to be friendly with them. I decided to clean the house. We made a list of tasks for each member of the family in order to keep the house clean, but I was the only person who did the chores. The lady of the house was always in her bedroom—often, we didn't even see each other.

Después de comer y hacer mis quehaceres, siempre me iba a meter en el sótano, donde no le molestaría a mi compañera de cuarto. Encontré un piano en el sótano, y me puse feliz. Cuando me sentía sola, para no llorar, me ponía a tocar mi música en el piano. Tocaba la música que había traído de Guatemala en mi mochila, y me sentía mejor. Siempre trataba de tranquilizarme, de ser fuerte. Aunque la regla en la casa era que no podíamos escuchar música, arriba ellos no podían oírme tocando el piano. También,

Yo pasaba la mayor parte de mi tiempo en la casa encerrada en el sótano, donde tenía mi espacio privado y me sentía más segura.

allá podía escuchar la música que tenía en mi teléfono. Yo pasaba la mayor parte de mi tiempo en la casa encerrada en el sótano, donde tenía mi espacio privado y me sentía más segura. Era un lugar donde me podía desahogar y estar más tranquila. A veces, para ser fuerte, me veía en el espejo, me limpiaba las lágrimas y me decía, *Tú puedes, Liliana. Tú puedes seguir luchando. Hazlo por tus hermanitas.* Pensaba que me iba a volver loca. A las ocho de la noche, subía al cuarto para dormir.

Siempre me gustaba estar ocupada haciendo algo. Trataba de no llorar y de no estar muy estresada, así buscaba cosas que hacer para no aburrirme, para entretenerme y tranquilizarme—como pintarme las uñas. Hacía diferentes diseños en las uñas—como las teclas del piano o la bandera de los Estados Unidos. Eso me ayudaba mucho, era un tipo de terapia.

El año con esa familia fue un tiempo muy difícil para mí. Siempre estaba preocupada que Inmigración me iba a deportar. ¿Qué iba a pasar con mi caso? Tenía que ir a la escuela, y con mis preocupaciones no podía estudiar, y no aprendía nada de inglés. Yo venía a los Estados Unidos para

After eating and doing my chores, I always went down into the basement, where I wouldn't bother my roommate. I found a piano in the basement and I was happy. When I felt alone, in order to keep from crying, I sat down to play my music on the piano. I played the music that I had brought from Guatemala in my backpack, and I felt better. I always tried to calm myself down, to be strong. Even though there was a rule that we couldn't listen to music, upstairs they couldn't hear me playing the piano. Also down there, I could listen to the music I had on my tele-

I spent most of my time in the house cooped up in the basement, where I had my private space and felt safe.

phone. I spent most of my time in the house cooped up in the basement, where I had my private space and felt safe. It was a place where I could unburden myself and be more at peace. Sometimes, to be stronger, I looked at myself in the mirror, dried my tears and said, *You can do it, Liliana. You can keep on fighting. Do it for your little sisters.* I thought I was going crazy. At eight o'clock at night I went upstairs to sleep.

I always liked being busy, to be doing something. I tried not to cry and be so stressed out, so I looked for things to do to keep from being bored, to entertain myself and calm myself—like painting my fingernails. I made different fingernail designs, like piano keys or the United States flag. That helped me a lot, it was a kind of therapy.

The year with that family was very difficult for me. I was always worried that Immigration was going to deport me. What was going to happen with my case? I had to go to school, and with all of my worries I couldn't study, and I hardly learned any English. I came to the United States to work, I didn't come thinking that I had to fight for my

trabajar, no venía pensando que tenía que luchar por mis papeles o ir a la escuela. Pero mi trabajadora social me dijo, "No puedes trabajar, eres menor de edad; y tienes que ir a la escuela, o Inmigración va a deportarte".

Ese no era el sueño que traía conmigo cuando venía de Guatemala—era una pesadilla.

Yo extrañaba mucho a mi familia en Guatemala, especialmente mis hermanitas. Solo podía hablar con ellos cada quince días. Cuando hablé con mi mamá no le comenté nada de lo que estaba viviendo, solo le dije que estaba bien, que estaba segura. Le dije también que yo iba a trabajar—porque ella pensaba que venía a trabajar para enviarles dinero. Yo quería que mis hermanitos siguieran yendo a la escuela con mi ayuda financiera. Pero no podía trabajar, por mi edad y falta de documentos.

En ese tiempo, mi trabajadora social me dijo que no podía cambiar de casa y vivir con otra familia, porque era un proceso muy complicado, que tenía que vivir allí hasta que cumpliera dieciocho años—dos años más. Me quedé callada, porque lo más importante era quedarme en los Estados Unidos y trabajar. Pero sentía que estaba perdiendo mi tiempo y quería escaparme.

Decidí hablar con mi trabajadora social sobre lo que recientemente había descubierto un día cuando la familia dejó a Elizabeth, su niña de seis años, conmigo por un tiempito. Me dijo, "Liliana, quiero una manzana", y le dije, "Pero aquí en este refrigerador no hay nada". Ella me dijo, "No, está arriba", y fuimos al segundo piso y ella abrió la

**Había un segundo refrigerador,
lleno de leche, frutas, huevos, queso. . . .**

puerta del cuarto de su mamá. Había un segundo refrigerador, lleno de leche, frutas, huevos, queso, y mucho más. Le di una manzana, pero no tomé nada para mí misma. La

papers or that I was going to go to school. But my social worker told me, "You can't work, you're a minor; and you have to go to school, or Immigration will deport you."

This was not the dream that I brought with me when I came from Guatemala—it was a nightmare.

I really missed my family in Guatemala, especially my little sisters. I could only call them every fifteen days. When I spoke with my mother, I didn't tell her anything about how I was living, I only told her that I was doing well and that I was safe. I also told her that I was going to work— because she thought that I came here to work in order to send them money. I wanted my little sisters to continue going to school with my financial help. But I couldn't work because of my age and lack of documents.

At that time, my social worker told me that I couldn't change houses and live with another family, because it was a very complicated process, so I had to stay there until I was eighteen years old—two years more. I kept quiet, because the most important thing was for me to stay in the United States and work. But I felt like I was wasting time, and I wanted to run away.

I decided to talk with my social worker about what I had recently discovered one day when the family left their six-year-old daughter, Elizabeth, with me for a little while. She said, "Liliana, I want an apple." I said, "But there isn't anything in the refrigerator." She said, "No, it's upstairs," and we went to the second floor and she opened the door

**There was a second refrigerator,
full of milk, fruit, eggs, cheese. . . .**

to her mother's bedroom. There was a second refrigerator, full of milk, fruit, eggs, cheese and a bunch of other stuff. I gave her an apple, but I didn't take anything for myself.

La madre había guardado la comida para toda la familia en su cuarto, pero no compartía ninguna de esa comida conmigo.

madre había guardado la comida para toda la familia en su cuarto, pero no compartía ninguna de esa comida conmigo.

Mi familia *foster* recibía ochocientos dólares mensualmente de Lutheran para pagar los gastos de proveerme vivienda y comida y ropa. Un día les vi a ellos empacando algunas cajas con ropa y latas de comida para enviar a su familia en la República Dominicana. Entonces entendí: estaban usando mucho del dinero de Lutheran para cuidar a su familia allá, no para cuidarme a mí.

Pues, la trabajadora social me dijo que no podía hacer mucho, porque no quería poner en riesgo mi caso. Por lo menos tenía un techo dónde quedarme—estaba aquí en los Estados Unidos, y todavía no me habían deportado. Aprendí cómo aguantar el hambre, pero a veces lloraba, *¿Por qué me está pasando esto?* Pero este sufrimiento me daba más fuerza para salir adelante. Entendí que tenía que sufrir en la vida antes de gozarla.

Trataba de seguir mostrando respeto a esa familia para ganar su confianza. Al fin me dieron un poco más de libertad y me dejaban ir sola a la iglesia católica los domingos. En la iglesia conocí a un muchacho que se llamaba Rolando, y empezamos a ser amigos. Él se acababa de mudar de Los Ángeles, y no tenía a nadie aquí. Algunas veces, en vez de pasar mucho tiempo en la iglesia, íbamos a otro lado y platicábamos. Después de un tiempo le expliqué lo que estaba pasando en mi casa, y que muchas veces tenía hambre. Entonces íbamos a comer.

Rolando me regaló un teléfono sencillo y barato para que nos pudiéramos comunicar durante la semana. Yo escondía mi teléfono para que la familia no supiera que lo tenía. Algunas veces Rolando me llamaba y me preguntaba,

The mother had kept the food for the entire family in her room, but she didn't share any of that food with me.

The mother had kept the food for the entire family in her room, but she didn't share any of that food with me.

My foster family got eight hundred dollars every month from Lutheran to pay the expenses of giving me housing and food and clothing. One day I saw them packing some boxes with clothes and canned food to send to their family in the Dominican Republic. Then I understood: they were using much of the money from Lutheran to take care of their family over there, not to take care of me.

Well, the social worker told me she couldn't do much of anything, because she didn't want to jeopardize my case. At least I had a roof over my head—I was here in the United States and they still hadn't deported me. I learned how to put up with being hungry, but sometimes I cried, *Why is this happening to me?* But this suffering gave me more strength to go on. I understood that I had to suffer in life before enjoying it.

I tried to keep showing this family respect in order to gain their trust. Finally, they gave me a bit more freedom and let me go alone to the Catholic church on Sundays. At church I met a boy called Rolando, and we started to be friends. He had just moved from Los Angeles, and didn't have anybody here. Sometimes, instead of spending much time at church, we went someplace else and talked. After a while I explained to him what was happening in my house, and that lots of times I was hungry. Then we would go out to eat.

Rolando gave me a basic cheap cell phone so we could stay in touch during the week. I hid my phone, so the family wouldn't know that I had it. Sometimes Rolando called and asked me, "What are you up to?" and I told him, "Well,

"¿Qué haces?", y le decía, "Pues, mi tripa está gruñendo". Trabajaba en una pizzería, y algunas veces en la noche me llevaba ensalada y fruta y pizza o pollo de allí. Teníamos que hacer esto en secreto. Me llamaba y me decía que estaba esperando en la esquina—y rápidamente me iba afuera para recoger mi comida. Una vez me hizo una pizza especial en la forma de un corazón.

Todavía, me sentía sola. Mi sueño era tener una familia que me apoyara, que me quisiera—pero eso no estaba pasando. Lo único que quería era trabajar como los demás inmigrantes. Pero no podía trabajar y no había muchas cosas que hacer en la casa, y solo podía ir a la escuela. Me sentía como una niña de cinco años, que para mí era muy difícil. Yo había trabajado mucho en Guatemala desde que tenía ocho años de edad—siempre estaba muy ocupada. En Guatemala era como una mujer adulta, con responsabilidades. No estaba acostumbrada a ser tratada como una niña.

La Puerta Abierta

Después de haber vivido con esa familia por cinco o seis meses, mi trabajadora social vio que yo estaba muy triste. Ella me comentó que La Puerta Abierta era una organización donde había otros jóvenes como yo—inmigrantes que vinieron solos de Guatemala y otros países en Centro América y México. Ella me dio el nombre de Cathi, la directora de La Puerta Abierta, y fui a conocer ese programa. Ambas mi trabajadora social y Cathi tuvieron que hablar con mi familia *foster* para que me dejara salir de la casa para participar en La Puerta Abierta. Después de visitar, decidí ir al programa porque era una oportunidad de escaparme de la casa, de no estar tan encerrada. También, Cathi siempre nos llevaba comida, y—ya que muchas veces yo tenía hambre—iba allí para comer. Como mi familia no dejaba que yo

my guts are growling." He worked in a pizzeria, and sometimes at night he brought me salad and fruit and pizza or chicken from there. We had to do this in secret. He would call me and say that he was waiting on the corner, and I sneaked outside to get my food. One time he made me a special pizza in the shape of a heart.

Still, I felt alone. My dream was to have a family that helped me, that loved me—but it wasn't happening. The only thing that I wanted to do was work like the other immigrants. Since I couldn't work and there weren't many things to do in the house, I only could go to school. I felt very much like a five-year-old girl, which was very hard for me. I had worked a lot in Guatemala since I was eight years of age—I always was very busy. In Guatemala I was like a woman, an adult with responsibilities. I wasn't used to being treated like a child.

La Puerta Abierta / The Open Door

After I lived with that family for five or six months, my social worker saw that I was very unhappy. She mentioned to me that *La Puerta Abierta*—The Open Door—was an organization where there were young people like me—immigrants who came alone from Guatemala and other countries in Central America and Mexico. She gave me the name of Cathi, the director of *La Puerta Abierta*, and I went to check out this program. Both my social worker and Cathi had to talk with my foster family so they would let me leave the house to participate in *La Puerta Abierta*. After visiting, I decided to go, because it was an opportunity to escape from the house and not be so shut-in. Also, Cathi always brought us food, and—since I was often hungry—I went there to eat. Since my family wouldn't let me go out alone, Cathi or someone else from the program had to come and get me

saliera sola, Cathi u otra consejera del programa tenían que recogerme y traerme a la casa. No podía ir sola en bus.

Empecé a ir a una terapista llamada Casey, que trabajaba con La Puerta Abierta, porque yo tenía muchos traumas. Me acuerdo que siempre lloraba demasiado, estaba muy nerviosa, a veces no podía dormir, a veces no comía, y no podía concentrar en mis estudios. Le conté mi historia a Casey y pude desahogarme. Mencioné la situación en mi casa, pero ella tampoco podía hacer mucho. Le platiqué

Me abrazó, lo que para mí fue algo grande porque me sentía tan sola.

todo lo que sentía, y ella me escuchó. Me abrazó, lo que para mí fue algo grande porque me sentía tan sola.

Iba a La Puerta Abierta una vez por semana. Al principio no conocía a nadie, no me sentía cómoda. Pero empecé a acostumbrarme, y con el paso del tiempo conocí más a algunos de los muchachos y las muchachas. Después, cuando ya tuve más confianza, me gustó el programa. Contábamos nuestra historia acerca de nuestra situación y de lo que nos había pasado. A veces me afectaba mucho cuando ellos contaban su historia, porque yo había pasado por lo mismo. Al principio no conté mucho de mi historia, porque me tomaba tiempo para tener confianza. Pero después, conté mi historia, y ya me sentía más tranquila.

Algunos de nosotros en el grupo grabamos la historia de nuestro viaje a los Estados Unidos. Grabé una canción que había escrito. Fui a una escuela de música con Cathi y Mark y usé su piano eléctrico y canté mi historia:

Gracias a Dios que estoy aquí
Donde siempre había soñado
Ahora es una realidad
Cuando estaba en mi país

and then bring me home. I wasn't allowed to go by myself on the bus.

I began to go to a therapist called Casey, who worked with *La Puerta Abierta*, because I had experienced a lot of trauma. I remember that I always was crying too much, I was nervous, sometimes I couldn't sleep, sometimes I didn't eat, and I couldn't concentrate on my studies. I told my story to Casey, and was able to unburden myself. I talked about everything that I was feeling and she listened to me.

**She gave me a hug, which for me was huge,
because I felt so alone.**

She gave me a hug, which for me was huge, because I felt so alone.

I went to *La Puerta Abierta* once a week. At first I didn't know anybody, I wasn't comfortable. But I began to get used to it, and as time went by I got to know some of the girls and boys a bit more. Later, when I felt more confidence, I liked the program. We all told stories about our situation and what had happened to us. At times I got really upset when they told their story, because I had gone through the same thing. At first, I didn't tell much of my story, because it took me time to be trusting. But, later on, I shared my story, and I felt more at peace.

Some of us in the group recorded the story of our voyage to the United States. I recorded a song that I had written. I went to a music school with Cathi and Mark and used their electric piano and sang my story:

Thank God that I am here
Where I always had dreamed of
Now it is a reality
When I was in my country
I missed my brothers

Extrañaba a mis hermanos
Mi sueño era estar siempre con ellos
Y un día decidí ir a buscarlos

Mis padres no sabían que venía a buscarlos
    a Carolina del Norte
Los últimos días antes de salir de mi tierra
Triste me sentía dejar a mi familia
Y esos paisajes tan lindos de mi pueblo
Ahora me encuentro lejos de ellos
En mi corazón siempre los traigo

Buscando sueños me alejé
Cruzando mil lugares
Pero el destino me llevó a otro camino
Lejos de mis hermanos
Donde no puedo estar con ellos
Tengo el corazón destrozado
Extraño estar con ellos
Extraño a mi tierra
Con sus paisajes y naturaleza

Gracias a Dios que estoy aquí
Dónde siempre había soñado
Ahora es una realidad
Cuando estaba en mi país
Extrañaba a mis hermanos
Mi sueño era estar siempre con ellos
Y un día decidí ir a buscarlos

Casey se fue del programa, y estaban buscando otra terapista para mí. Después de dos meses empecé a tener terapia con Layla, que yo veía una vez cada semana.

En mayo de 2014 cumplí un año con la familia *foster*, y la situación en la casa todavía era muy difícil. A veces Layla me invitaba a salir con ella, y empecé a conocer a otras per-

My dream was to be with them forever
And one day I decided to look for them

My parents did not know that I came to look for them
    in North Carolina
The last days before leaving my land
I felt sad to leave my family
And those beautiful landscapes of my village
Now I find myself far from them
I always carry them in my heart

I went away looking for dreams
Crossing a thousand places
But destiny took me down another path
Far from my brothers
Where I am unable to be with them
My heart is shattered
I miss being with them
I miss my country
With its landscapes and nature

Thank God that I am here
Where I always had dreamed of
Now it is a reality
When I was in my country
I missed my brothers
My dream was to be with them forever
And one day I decided to look for them.

Casey left the program, and they were looking for another therapist for me. After two months, I began to have therapy with Layla, whom I saw once a week.

By May, 2014, I had spent a year with the foster family, and the situation in the house was still very difficult. Sometimes Layla invited me to go out with her, and I began to

sonas y otros lugares. Cuando llegó la Navidad me sentía solita y Layla y su amiga—una señora de Guatemala—me invitaron a pasar la Navidad con ellos en la casa de Layla. Me acuerdo que no podía creer que hubiera tantos regalos—recibí suéteres, maquillaje, pintura de uñas, una nueva mochila, zapatos, una manta, una gorra y guantes (porque el invierno ya venía). Nunca en mi vida había recibido un regalo—en Guatemala no existían los regalos, celebrábamos sin regalos. Estaba emocionada, pero extrañaba mucho a mi familia de Guatemala. Llamé a mis hermanos en Carolina del Norte y a mis hermanitas en Guatemala. Fue muy difícil escucharles a ellos, porque no estábamos juntos.

Pasó el tiempo, y llegué a conocer mejor a Layla. Salíamos a pasear siempre y empezaba a sentirme cómoda con la familia de ella—el esposo y los dos niños. Layla es americana, y Marcos—su esposo—es mexicano, de Oaxaca. Mateo tenía seis años y Nico tenía cinco. Cuando estaba con su familia, veía tanto cariño y respeto entre ellos. Layla y su familia demostraban un gran cariño hacia mí, y yo hacia ellos—teníamos una conexión muy profunda. Después de pasar tiempo con ellos, decidí que esta familia había sido diseñada para mí, era la familia perfecta. Layla escuchó mi historia de cómo había venido a los Estados Unidos y la situación con mi familia *foster*, y después de un tiempo me dijo que me quería traer a su casa a vivir. Yo nunca me imaginaba que yo pudiera vivir con ella y su familia. Pensaba que para mí era imposible cambiar de familias porque eso podría arriesgar mi caso. No importa, Layla decidió traerme a su casa. Mi familia *foster* no sabía que yo tenía planes de cambiar de familias—era un secreto. Fue muy estresante. Mi trabajadora social de Lutheran me ayudó mucho. Fue un proceso muy complicado y muy largo—comenzó en diciembre y se acabó en mayo.

Al fin el juez en la corte me preguntó si quería mudarme a la casa de Layla. Yo no lo podía creer. Fue un milagro.

know other people and other places. When Christmas came, I felt all by myself, and Layla and her friend—a lady from Guatemala—invited me to spend Christmas with them at Layla's house. I remember that I couldn't believe that there were so many presents—I got sweaters, makeup, fingernail polish, a new backpack, shoes, a blanket, a hat and gloves (because Winter was coming). I had never received a single gift in my life—in Guatemala presents didn't exist, we celebrated without presents. I was excited, but I really missed my family in Guatemala. I called my brothers in North Carolina and my little sisters in Guatemala. It was very difficult to listen to them, because we weren't together.

As time passed, I got to know Layla better. We always went for walks, and I began to feel comfortable with her family—her husband and two boys. Layla is American, and Marcos—her husband—is Mexican, from Oaxaca. Mateo was six years old and Nico was five. When I was with her family I saw so much affection and respect among them. Her entire family showed great affection for me, and I for them—we had a deep connection. After spending time with them I decided that this family had been designed for me, it was the perfect family. Layla listened to my story about how I had come to the United States and the situation with my foster family, and after a while, she told me that she wanted to bring me to her house to live. I never imagined that I could live with her and her family— I thought that it was impossible for me to change families because it could jeopardize my case. No matter, Layla decided to bring me to her house. My foster family didn't know that I had plans to change families—it was a secret. My social worker from Lutheran really helped me a lot. It was a long and complicated process—it began in December and ended in May.

Finally the judge in the court asked me if I wanted move into Layla's house. I couldn't believe it. It was a miracle.

Mi Nueva Familia

Un mes después de cambiar de casa y vivir con mi nueva familia, seguía yendo a mi escuela en el Centro de Filadelfia. A veces era un poco difícil, porque la familia de Layla vivía en las afueras de la ciudad y tenía que tomar un tren. Pero me sentía más libre—podía viajar sola. Me gustaba pasear sola por el Centro de la ciudad—no podía creer que estaba en una ciudad tan grande con tanta gente y edificios gigantes. Podía hacer todo eso porque mi familia nueva tenía mucha confianza en mí. Y me dieron muchas nuevas oportunidades, como tomar clases de karate, fotografía y cerámica. Aún más, tomé otra clase de piano—ahora tengo un piano electrónico aquí en mi nueva casa. También tomé una clase de inglés. Cada día hacíamos cosas diferentes. Mi vida era menos estresada. Ya no estaba sola, y me sentía muy feliz y emocionada.

> Era la familia de mis sueños, la familia donde yo quería estar. Decidí llamarles Mamá y Papá.

Yo les veía a Layla y a Marcos como mis papás, y ellos me trataban como su hija. Era la familia de mis sueños, la familia donde yo quería estar. Decidí llamarles Mamá y Papá.

¡Green Card!

Siempre tenía mucho miedo cuando iba a la corte, porque no sabía qué iba a pasar con mi caso. Tenía apenas dieciséis años. No sabía qué me iban a preguntar, no sabía nada de este proceso. Honestamente, no tenía paciencia para el proceso—yo venía a los Estados Unidos para trabajar, no para buscar papeles.

Tenía que ir a la escuela también, pero no me podía concentrar en mis estudios—lo que me preocupaba era

My New Family

After changing to my new house and living with my new family, I continued going to my school in Center City Philadelphia for a month. At times it was a little difficult, because Layla's family lived in the suburbs and I had to take a train. But I still felt so free—I could travel all by myself. I loved walking through Center City—I couldn't believe that there was such a big city, with so many people and giant buildings. I could do all of that because my new family trusted me a lot. And they gave me many new opportunities, like taking classes in Karate, photography and ceramics. I even took piano lessons—now I have an electronic piano here in my new house. I took an English class, too. Every day we did different things. My life was less stressed out. I wasn't alone anymore, and I felt happy and excited.

They were the family of my dreams, the family where I wanted to be. I decided to call them Mom and Dad.

I saw Layla and Marcos as my parents, and they treated me like their daughter. They were the family of my dreams, the family where I wanted to be. I decided to call them Mom and Dad.

Green Card!

I was always afraid when I went to court, because I didn't know what was going to happen with my case. I was just sixteen. I didn't know what they were going to ask me, I had no idea about the process. Honestly, I had no patience for the process—I came to the United States to work, not to seek papers.

I had to go to school, too, but I couldn't concentrate on my studies—what concerned me was going to court. *What's*

cuando tenía que ir a la corte, *¿Qué está pasando con mi caso?* Siempre estaba nerviosa. Durante ese tiempo seguía yendo a La Puerta Abierta. Estaba mucho más feliz porque conocí a otras personas que trabajaban allá, como Cathi y Casey y Mark y Layla. También conocí a los muchachos que participaban en el programa allá, como José y Marcelo y Marlis y Domingo, y ahora ellos son mis amigos. "¿Qué va a pasar, qué preguntas van a hacer?" le preguntaba a Domingo, que había recibido su *Green Card.* "No te preocupes", me dijo, "todo te va a ir bien. Cuando el tiempo pase, tú vas a recibir tu residencia". Tuve que ir a la corte por lo menos cinco veces, y cuando se estaba acercando el día de mi corte no podía comer. Tenía una abogada, Jean, que me ayudaba mucho, muy colaboradora. Era una persona increíble, hacía todo lo posible para poder obtener mis papeles.

En mis primeras visitas a la corte me preguntaron cuándo yo había entrado en los Estados Unidos, si estaba yendo a la escuela, si estaba con una familia *foster.* Me explicaron el proceso de mi caso—que podría obtener mi independencia cuando cumpliera los dieciocho años—si no me deportaban. Gracias a Dios todavía estaba yendo a una terapista, porque a veces no podía dormir, no me podía concentrar en mis estudios. Y también la abogada me había recomendado que yo siguiera yendo a una terapista para que pudiera desahogarme, porque estaba muy traumatizada. Ahorita hace casi dos años y medio que estoy yendo a terapia. Sé que todavía lo necesito, porque hay muchas cosas que no entiendo o que no puedo olvidar. Me acuerdo

> **Estoy aprendiendo cómo enfrentar mi pasado— no para olvidarlo, pero para ponerlo en una caja y guardarlo allí.**

de cosas que me habían lastimado, como ser maltratada, y esto siempre me afecta demasiado. Estoy aprendiendo cómo enfrentar mi pasado—no para olvidarlo, pero para ponerlo

happening with my case? I was nervous all the time. During that time I kept going to *La Puerta Abierta*. I was much happier because I got to know other people who worked there, like Cathi and Casey and Mark and Layla. I also got to know the kids who participated in the program, like José and Marcelo and Marlis and Domingo—and now they are my friends. "What's going to happen, what questions are they going to ask?" I asked Domingo, who had gotten his Green Card. "Don't worry," he said, "everything will work out. In time you're going to get your residency." I had to go to court in Philadelphia a least five times, and when each day in court approached I couldn't eat. I had a lawyer, Jean, who helped me a lot, she was great to work with. She was an incredible person, and did everything possible to get my papers.

On my first visits to court they asked me when I had entered the United States, if I was going to school, if I was with a foster family. They explained how my case would go, that I could become independent when I became eighteen—if they didn't deport me. Thank goodness I was still seeing a therapist, because at times I couldn't sleep, I couldn't concentrate on my studies. And also the lawyer had recommended that I continue with a therapist so that I could unburden myself, because I was very traumatized. Right now, I've been going to therapy for almost two and a half years. I know that I still need it, because there are many things that I don't understand or that I can't forget.

> **I'm learning how to confront my past—
> not by forgetting it, but by putting it a box
> and keeping it there.**

I remember things that have hurt me, like being abused, and it always affects me too much. I'm learning how to confront my past—not by forgetting it, but by putting it a box

en una caja y guardarlo allí. He aprendido a ser más fuerte y a estar menos estresada.

Cuando fui a la corte, tuve que declarar porqué había entrado en los Estados Unidos. Les conté toda mi historia, como le había contado a la gente en el centro de detención en Fénix, Arizona. El juez tenía toda esa información, pero tuve que contar mi historia otra vez. Le conté lo que me había pasado allá en Guatemala, cómo era mi vida. Que mis padres estaban separados, aunque vivían en la misma casa. Que mi mamá me había apuñalado con una tijera que me cortó el cráneo, que ella siempre me pegaba, por ejemplo, si la comida no estaba lista. Que algunas veces me pegaba con un palo. Que mi papá me pegaba también. Que había sido abusada por dos hombres. Que no tenía estudios porque había empezado a trabajar cuando era una chica joven.

He contado mi historia de abuso tantas veces a un montón de gente. A dos abogadas y una consejera y otra terapista en Arizona (cuando mi abogada allá llamó a mi mamá en Guatemala, mi mamá negó todo, diciendo, "Todo es pura mentira"). Entonces tuve que contar mi historia a mis abogadas y terapistas y trabajadoras sociales en Filadelfia, y dos veces más delante de los jueces en la corte. Estaba cansada de recontar mi historia, era demasiado y me desesperaba. Yo lloraba cada vez porque volvía a recordar mi pasado. Todo era muy confuso para mí. Me decía, *¿Cuándo va a terminar esto? ¿Cuándo?*

La abogada le dijo al juez que mis padres en Guatemala no eran capaces de cuidarme, que no tomaron ninguna responsabilidad sobre mí. Y el juez decidió quitarles la custodia a mis papás, y anunció, "Tus padres ya no tienen la patria potestad, y tú no puedes visitarlos en Guatemala". Yo tenía miedo de que iban a meter a mis papás en la cárcel, por lo que había dicho. Ellos se contactaron con mi mamá y papá y les dijeron que les iban a quitar la custodia. Mi mamá se molestó mucho conmigo por contar mi historia,

and keeping it there. I've learned to be stronger and less stressed out.

When I went to court I had to declare why I had entered the United States. I told them my story, like I had told the people in the detention center in Phoenix. The judge had all that information, but I had to tell my story over again. I told what had happened to me in Guatemala, what my life was like. That my parents were separated, even though they lived in the same house. How my mother had stabbed me with some scissors and cut my skull, that she always was beating me, for example if the meal wasn't ready. How sometimes she hit me with a stick. How my father beat me, too. How I had been abused by two men. How I didn't have any schooling because I had started working when I was a young girl.

I have told my story of abuse so many times to countless people. To two lawyers and a counselor and another therapist in Arizona (when my lawyer there called my mother in Guatemala, my mother denied everything, saying, "It's all lies.") Then I had to tell my story to my lawyers and therapists and social workers in Philadelphia, and two more times in front of the judges in court. I was tired of re-telling my story, it was too much, and I grew desperate. I cried every time because I went back to my past. It was all very confusing to me. I said to myself, *When is this going to end? When?*

My lawyer told the judge that my parents were incapable of caring for me, that they didn't take any responsibility for me. The judge decided to take custody of me from my parents, and he announced, "Your parents no longer have authority over you, you cannot visit them in Guatemala." I was afraid that they were going to put my parents in jail, because of what I had said. They contacted my mother and father and said that they were going to take custody away from them. My mother was very upset with me for telling

por desahogarme de lo que yo sentía, de lo que yo realmente había vivido.

Fui a la corte por un año y medio. Finalmente, el juez me dijo que ya podía quedarme acá en los Estados Unidos. Y me dijo que yo podía obtener un permiso para trabajar unas pocas horas cada semana—pero mi trabajo no podía interferir con mis estudios. Me acuerdo que me desahogué, me quité un peso de encima. Me dije, *Puedo quedarme, puedo enfocarme en las cosas que estoy haciendo, voy a seguir estudiando.* Y *puedo enviarle dinero a mi familia.* Mi estrés se me fue por primera vez desde que vine a este país.

El diecisiete de diciembre, 2014, casi dos años después de cruzar la frontera de los Estados Unidos, obtuve me tarjeta verde. Tenía dieciséis años. Un señor tocó a la puerta de la casa de mi nueva familia *foster. Special Delivery.* Abrí la puerta y él me entregó una carta, pero no sabía qué era. Mi mamá Layla la vio, y me dijo que era mi tarjeta verde. Era un sueño, era algo increíble, inexplicable. Lloré de felicidad.

Le di gracias a Dios que me había ayudado mucho. Llamé a mis hermanos en Carolina del Norte, que estaban muy felices. Me dijeron, "¡Manda una foto de tu tarjeta verde!" Llamé a Emi, mi consejera en Tucson, y me dijo, "¡Felicidades!" Llamé a mis amigos de La Puerta Abierta. "¡Ya lo lograste!" dijo Domingo. Llamé a mis papás en Guatemala, pero ellos no me dijeron nada. Para celebrar, tuve una cena con mi nueva familia *foster.*

Ahorita, con mi tarjeta verde en mi mano, no puedo creer que la tengo. Tomó tanta paciencia y para mí fue muy

¡Con esta tarjeta, ya soy legal!
Ahora puedo seguir estudiando
para tener un mejor futuro.

difícil, pero al final lo logré. ¡Con esta tarjeta, ya soy legal! Ahora puedo seguir estudiando para tener un mejor futuro

my story, for unloading my feelings and telling how I had really lived.

I went to court for over a year-and-a-half. Finally, the judge told me that I could stay here in the United States. She also said I could get permission to work a few hours each week—but my work couldn't interfere with my studies I remember that it all spilled out, like a weight was lifted off me. I said to myself, *I can stay, I can focus on the things I am doing. I am going to keep on studying. And I can send money home to my family.* My stress left me for the first time since I came to this country.

On the seventeenth of December, 2014, almost two years after crossing the United States border, I got my Green Card. I was sixteen years old. A man knocked on the door of the house of my new foster family. *Special Delivery.* I opened the door and he handed me a letter, but I didn't know what it was. My mom, Layla, saw it and told me it was a Green Card. It was a dream, it was something incredible, inexplicable. I cried from happiness.

I thanked God, who helped me so much. I called my brothers in North Carolina, who were very happy. They told me, "Send a photo of your Green Card!" I called Emi, my counselor in Tucson, and she said, "Congratulations!" I called my friends in *La Puerta Abierta.* "You did it!" said Domingo. I called my parents in Guatemala, but they didn't say anything to me. To celebrate, I had a dinner with my new foster family.

Now, with my Green Card in my hand, I can't believe that I have it. It took great patience and it was very dif-

With this card I am legal! Now I can continue studying in order to have a better future.

ficult for me, but at last I succeeded. With this card I am legal! Now I can continue studying in order to have a bet-

y un mejor trabajo aquí. En mi familia no hay nadie—ni mis papás, ni mis hermanos y hermanitas—con una carrera. Todos se salieron del tercero, del cuarto, o del quinto grado. Vine a los Estados Unidos para trabajar, como cualquier inmigrante—no vine para estudiar. Pero ahora, me estoy enfocando muy bien en estudiar el inglés y en mis otros estudios. No me importa qué diga la gente—voy a seguir estudiando. Voy a seguir luchando por mí misma—para salir adelante, sola. Todo esto lo hago por mis hermanitas para que ellas tengan un mejor futuro.

Mi Nueva Casa de Sueños

Mi casa aquí con la familia de Layla y Marcos es tan diferente de mi casa en Guatemala. Es una casa muy bonita, en las afueras de Filadelfia. Hay un césped con árboles y un jardín grande donde puedo sembrar plantas y criar pollos. Tiene un sótano con una lavadora, hay tres dormitorios y dos baños. Especialmente me encanta la cocina que es muy grande. Por las cosas que me pasaban en Guatemala yo lloraba, y quería ir a un cuarto donde yo pudiera tener mi privacidad. Aquí yo tengo mi propio cuarto. Tengo una cama grande que tiene una sobrecama floreada, rosada. Tengo un armario para poner mi ropa. Tengo una máquina de coser, una computadora y un piano eléctrico, tengo un espacio para poner mis cosas. Mi cuarto tiene una alfombra. Decoré mi cuarto también, y siempre lo mantengo arreglado. Allá en Guatemala trataba de limpiar y arreglar la casa, pero no podía porque el piso era de tierra.

**He guardado la ropa que llevaba conmigo
en mi viaje de Guatemala.**

He guardado la ropa que llevaba conmigo en mi viaje de Guatemala—está en mi ropero. Cuando estaba de camino

ter future and a better job here. In my family in Guatemala there isn't anyone—not my parents, nor my brothers or sisters—who have a career. All left school in third or fourth or fifth grade. I came to the United States to work, like any immigrant—I didn't come to study. But now, I'm focusing really hard on studying English and my other subjects. I don't care what people say—I'm going to keep on studying. I'm going to continue fighting for myself—to get ahead, alone. I am doing all of this for my little sisters so they can have a better future.

My New House of Dreams

My house here with Marcos and Layla's family is so different from my house in Guatemala. It's a beautiful house in the suburbs outside of Philadelphia. There is a lawn with trees and a big garden where I can grow plants and raise chickens. It has a basement with a washing machine, there are three bedrooms and two bathrooms. I especially like the kitchen, which is huge. Because of all that happened to me in Guatemala, I cried and wanted to go to a room where I could have my privacy, but there was no place to go. Here I have my own room. I have a huge bed that has a rose-flowered bedspread. I have a closet to put my clothes in. I have a sewing machine, a computer and an electronic piano, I have space to put my things. My room has a rug. I decorated my room, too, and always keep it in order. There in Guatemala I tried to clean and straighten up the house, but I couldn't because it had a dirt floor.

I've kept the clothes that I wore on my trip from Guatemala.

I've kept the clothes that I wore on my trip from Guatemala—they're in my closet. When I was on my way, I

> **Cuando estaba de camino pensaba, *Nunca voy a tirar mi ropa, este va a ser un recuerdo y un testigo de mis sufrimientos; y va a ser un testigo de la suerte que tuve también.***

pensaba, *Nunca voy a tirar mi ropa, este va a ser un recuerdo y un testigo de mis sufrimientos; y va a ser un testigo de la suerte que tuve también.* Por ejemplo, uno de mis pantalones tiene un rasgón donde el narco metió una cuchilla cuando me robaron en Chiapas. Eso fue en el momento en que pensé que ellos me iban a matar. Tuve que subir en el tren y caminar en el desierto con ese pantalón. Cuando me agarraron en Arizona, yo tuve que suplicarles que no tiraran mi ropa en la basura. Yo llevaba dos pares de pantalones—el que traía desde Guatemala y el de camuflaje que compré en Altar. Entonces, en el centro de detención, ellos quisieron tirar mi ropa, y les dije, "No—no la quiero tirar, porque con ese pantalón crucé la frontera". También guardé mis zapatos que compré en Guatemala con el dinero que mi hermanita me prestó. Y tengo la gorra que usaba para protegerme del sol.

No uso la ropa de viaje que llevaba en mi camino de Guatemala. Voy a guardarla para siempre. Algún día voy a mostrar esta ropa a mis hijos y decirles, "Llevando este pantalón casi perdí mi vida en las montañas de Chiapas, pero Dios me salvó . . . con esta ropa pude cruzar la frontera . . . esta ropa es muy especial para mí".

Esta es la casa que deseaba cuando era chica. Y la familia que soñaba. Todo es increíble, un milagro. A veces me pongo a pensar en mis hermanas y me digo, *Ahora tengo todo lo que había esperado, pero mis hermanitas no tienen lo que yo tengo,* y me duele mucho. Cuando hablo con ellas por teléfono, no les digo, "Tengo un buen cuarto, estoy viviendo mi sueño", mientras ellas están allá sufriendo en su casa. Me falta la última parte de mi sueño—mandar dinero para hacer una casa para mi mamá y mis hermanitas. Para mí es

When I was on my way, I thought, I'm never going to throw my clothes away, this is going to be a memory and a testament of my suffering; it will be a testament to the luck I had, too.

thought, *I'm never going to throw my clothes away, this is going to be a memory and a testament of my suffering; it will be a testament to the luck I had, too.* For example, one of my pairs of pants has a tear where the *narco* ripped it with a knife when they robbed me in Chiapas. That was the moment I thought that they were going to kill me. I had to climb up on the train and walk in the desert with these pants. When they grabbed me in Arizona, I had to beg them not to throw my clothes in the trash. I wore two pairs of pants—what I brought from Guatemala and the camouflaged ones that I bought in Altar. Then, in the detention center, they wanted to throw my clothes away, and I told them, "No—I don't want to get rid of them, because I crossed the border in these pants." I kept my shoes, too—the ones I bought in Guatemala with the money my sister lent me. And I have the cap that I used to protect myself from the sun.

I don't use the traveling clothes that I wore on my way from Guatemala—I'm going to keep them forever. One day I'm going to show these clothes to my children and tell them, "Wearing these pants, I almost lost my life in the mountains of Chiapas, but God saved me . . . with these clothes I was able to cross the border . . . these clothes are very special to me."

This is the house I wanted when I was a little girl. And the family I dreamed of. It's all incredible, a miracle. Sometimes I get to thinking about my sisters and I tell myself, *Now I have everything that I had hoped for, but my little sisters don't have what I have,* and it hurts me a lot. When I talk with them on the phone I don't tell them, "I have a great room, I'm living my dream," while they suffer in their house. I'm

difícil porque la promesa que les había hecho aún no la he cumplido. Para mí será un gran triunfo cuando ellos tengan su nueva casa.

Mi Nueva Escuela Secundaria

Después de vivir con mi familia nueva por cuatro meses, me mudé de mi escuela en Filadelfia para Lower Merion High School, en el distrito escolar donde vivo ahora. Cuando empecé a ir a mi nueva escuela, me levantaba a las cinco y media para vestirme y arreglar mi mochila y mi lonchera. Cada mañana, cuando bajaba a la cocina, Layla había preparado mi desayuno. A veces ella hacía mi comida favorita—chorizo con huevos y café. Me sentía muy feliz, como una niña, porque en Guatemala mi mamá nunca había preparado un desayuno para mí—yo era la cocinera. Y cuando regresaba de la escuela, Layla me esperaba allá en mi nueva casa. Eso era mi sueño—tener una mamá que se preocupara por mí.

Lower Merion era tan diferente de mi escuela en Guatemala. Tenía campos grandes de deportes, una piscina, clases modernas con computadoras y laboratorios, y maestros bien educados y preparados. Me fue muy difícil ese cambio. Me estaba costando mucho, porque vine de un pueblo donde no había mucha educación, y solo tenía un año de estudio.

Me pusieron en una clase donde los estudiantes hablaban bien el inglés, y entendían lo que la maestra les estaba enseñando. Cuando estaba sentada en estas clases veía el desbalance—esos niños habían aprendido desde que eran chiquitos, y yo apenas estaba comenzando. No tenía ni idea de lo que estaban enseñando. Cuando la maestra hacía una pregunta en la clase, me quedaba pensando *¿Qué es esto?*, mientras todos los otros niños respondían. Me quedaba en

missing the final part of my dream—to send my mother and little sisters money to build a house. It is difficult for me because I still haven't fulfilled the promise that I had made to them. It will be a great victory for me when they have their new house.

My New High School

After living with my new family for four months, I moved from my school in Philadelphia to Lower Merion High School, in the school district where I live now. When I began to go to my new school, I got up at five-thirty to get dressed and organize my backpack and my lunchbox. Every morning when I went down to the kitchen, Layla had prepared my breakfast. Sometimes she made my favorite meal—sausage with eggs and coffee. I felt very happy, like a child, because in Guatemala my mom never had fixed breakfast for me—I was the cook. And when I returned from school, Layla was waiting for me in my new house. That was my dream—to have a mom who fretted over me.

Lower Merion was so different from my school in Guatemala. It had huge playing fields, a swimming pool, modern classes with computers and laboratories, and teachers who were well-trained and prepared. The change was very difficult for me because I came from a village where there wasn't much education, and I only had one year of schooling.

They put me in a class where the students spoke English well, and who understood when the teacher taught and gave instructions. When I sat in those classes I could see the imbalance—those kids had learned since they were children, and I had hardly begun. I had no idea what they were teaching. When the teacher asked a question in class I was just thinking, *What is this?*, while all the other kids answered. I just blanked out. I tried to push myself, to be

blanco. Trataba de empujarme, de ser fuerte, de entender. Sentía que no sabía nada, que esa escuela no era para mí.

En una manera me sentía inferior, pero seguía haciendo el esfuerzo. Me acordaba de cuando salí de mi casa en Guatemala para el norte, cómo no sabía a dónde iba, si iba a tener algo para comer o si me iba a perder—yo estaba dispuesta a todo. Y lo mismo me estaba pasando con la escuela. Iba a seguir luchando, estaba aprovechando lo que mi familia *foster* aquí me estaba dando. Estaba tratando de ser alguien, de ser fuerte, pero era muy duro. A veces mi sueño tenía muchos desafíos.

Al fin, decidí que mis clases eran demasiado difíciles para mí, y fui a hablar con mi consejera de la escuela. Ella vio mi frustración, y le expliqué a ella mi vida en Guatemala, mi falta de educación, que mis clases aquí eran demasiado, que no entendía nada, que estaba desesperada. Quería ir a otra escuela. Ella me explicó que había otras opciones: tomar un curso de GED y obtener un certificado de *high school*; regresar a una escuela en Filadelfia y vivir con otra familia allá; o ir a una escuela técnica, donde había estudios para cocinera y ocupaciones de salud. Para mí todo era muy confuso en ese momento—*¿Cómo voy a decidir?* Layla y Marcos me ayudaron a investigar mis opciones. Mi madre y la consejera de mi escuela y yo nos reunimos, y decidí visitar la Central MontCo Technical High School.

El próximo día me fui a la nueva escuela por bus, completamente sola, un viaje de media hora. Me sentía muy nerviosa, me dije *Pues, bueno, tengo que hacerlo.* Llegué a la escuela nueva y hablé con la consejera allá—toda nuestra conversación fue en inglés. Ella me explicó el programa y me mandó a observar las clases de cocina y de ocupaciones de salud. Estaba muy nerviosa, callada. Al fin, le dije a la consejera que había decidido estudiar *Health Occupations.* Era importante elegir una carrera que fuera a proveerme empleo. También pensé que por estudiar enfermería, algún

strong, to understand. I felt like I didn't know anything, that school was not for me.

In a sense I felt inferior, but I kept on trying. I remembered when I left my home in Guatemala and headed north, how I didn't know where I was going, if I was going to have something to eat or if I would get lost—and I was ready for anything. And the same thing was happening with me in school. I was going to keep on struggling and taking advantage of what my foster family was giving me. I was trying to be someone, to be strong, but it was really hard. Sometimes my dream had many trials.

Finally, I decided that my classes were too difficult for me, and I went to talk with my school counselor. She saw my frustration, and I told her about my life in Guatemala, how little education I had, that my classes here were too much, that I didn't understand anything—that I was desperate. I wanted to go to another school. She explained that there were other options: to take a GED course and get a high school certificate; return to a school in Philadelphia and live with another family; or go to a technical school, where there were courses in cooking and health occupations. At that time, it was all very confusing to me—*How am I going to decide?* Layla and Marcos helped me explore my options. My mom, the school counselor and I met, and I decided to visit Central MontCo Technical High School.

The next day I went to the new school by bus, completely alone, a half-hour trip. I felt really nervous, I told myself, *Well, fine, I have to do it.* I got to the new school and spoke with the counselor there—our entire conversation was in English. She explained the program, and sent me to observe the cooking and health occupations classes. I was very nervous, quiet. Finally, I told the counselor that I had decided to study health occupations—it was important to choose a career that would provide me employment. Also, I thought that by studying nursing, some day I could help

día yo podría ayudar a la gente de mi pueblo en Guatemala, donde aún no hay un doctor ni enfermera. Me dijo, "Bueno. Quiero que tú me cuentes tu historia en detalle, para conocerte mejor", y le conté un poco de mi historia.

Ahora estoy tomando tres clases en Lower Merion High School por la mañana—*U.S. Government, Health,* y *English.* Cada día a las once, me voy a MontCo Technical High School para estudiar ocupaciones de salud. Me gusta. Todavía es mucho trabajo, pero tengo menos tareas, menos frustración. Cada día estoy aprendiendo. Sí, quiero estudiar para ser una enfermera, y estoy muy enfocada en eso. Ahorita me siento bien, me gusta mi decisión.

En Lower Merion estaba tomando una clase de español, para mejorar mi gramática. El maestro supo que yo había viajado de Guatemala, pasando por el desierto, y me invitó a contar mi historia a la clase. Yo estaba muy feliz de hacerlo, porque muchos jóvenes americanos no saben cómo los niños inmigrantes sufren, y quise que ellos entendieran cómo era ser un inmigrante en este país. Conté mi historia en español, cómo había viajado de Guatemala por las montañas y en el tren de vagones, cómo fui robada y agarrada en el desierto, y cómo uno puede ir adelante a pesar de estar separado de su familia, a pesar de la pobreza o falta de oportunidades. Ellos hicieron preguntas—por qué me vine, cómo vine, cuántos años fui a la escuela en Guatemala, cómo me iba en Lower Merion High School. Les dije que era un poco difícil aprender un lenguaje, que vine a trabajar, no a estudiar—que después decidí estudiar. Que me sentía sola en la escuela, cómo me acuerdo de que me sentaba sola en la cafetería. Que estaba muy nerviosa todos los días en la escuela, donde no había latinos, donde no sabía hablar inglés. Pero seguía enfocándome en el inglés, trataba de hacer mis tareas, de escuchar, de llegar a tiempo a la escuela. Después de la clase, algunos estudiantes me dijeron que no podían imaginar cómo yo había podido lograr eso—

the people in my village in Guatemala, where there still is not a doctor or a nurse. She said to me, "Good. I want you to tell me your story in detail, so that I can know you better," and I told her a little bit of my story.

Now I'm taking three classes at Lower Merion High School in the morning—U.S. Government, Health and English. Every day at eleven o'clock I go to MontCo Technical High School to study health occupations. I like it. It still is a lot of work, but I have less homework, less frustration. Each day I am learning. Yes, I want to study to be a nurse and am focused on that. Right now I feel good, I like my decision.

At Lower Merion I was taking a Spanish class in order to improve my grammar. The teacher knew that I had traveled from Guatemala, going through the desert, and he invited me to tell my story to the class. I was really happy to do it, because many American youth don't know how immigrant kids suffer, and I wanted them to understand what it was like to be an immigrant in this country. I told my story in Spanish, how I had traveled from Guatemala through the mountains and on top of the boxcars, how I was robbed and got caught in the desert, and how one can get ahead in spite of being separated from her family, in spite of poverty or lack of opportunities. They asked questions—why did I come, how I came, how many years I went to school in Guatemala, what was it like for me in Lower Merion High School. I told them it was quite difficult to learn a language, that I came to work, not to study—I decided to study later on. How I felt lonely at school, how I remember sitting by myself in the cafeteria. How I was really nervous every day at school, where there weren't any Latinos, where I didn't know how to speak English. But I continued focusing on English, I tried to do my homework, to listen, to come to school on time. After class, some students told me that they couldn't imagine how I

que ellos no eran capaces de hacer lo que yo había hecho. Les dije que ellos tenían que aprovechar las oportunidades que tenían—porque muchos niños, por ejemplo en Guatemala, no tienen estas oportunidades. Ellos pensaban que mi vida era como la de cualquier otro estudiante, pero mi vida era diferente.

Después de contar mi vida en la clase, me sentí más tranquila—siempre me desahogo y me pongo más feliz

Me pongo más feliz cuando puedo ayudar a otras personas por contar mi historia.

cuando puedo ayudar a otras personas por contar mi historia. Después, empecé a tener más amistades en la escuela.

Este año los maestros que tengo dicen que yo soy una *good student*. En mi escuela vocacional tengo una maestra que me tiene mucho cariño. Cada día me levanto temprano con muchas ganas de ir a la escuela y enfocarme en mis estudios. A pesar de que es difícil, siempre he mantenido mi mente positiva, y estoy feliz. A veces cuando me voy en el *bus* me digo, *¡No puedo creer que voy a la escuela!*

Este semestre tuve buenas notas—tengo dos *A* y una *B*. Hace tres meses yo estaba muy frustrada y deprimida, pensaba que no podía sobrevivir en la escuela. Hoy en la mañana me dije, *Liliana Velásquez, hija de Rogelio, tú puedes tener éxito. Tú puedes, sola. Pase lo que pase, tú vas a seguir estudiando.* Estoy tan orgullosa de poder ir a la escuela—cuando era chica quería imaginar que iba a la escuela. Y ahora, me voy a graduar de la *high school* este año.

Me gusta mucho la enfermería. Cada día cuando abro mis libros de salud, me pongo a estudiar y descubro un poquito más. Una cosa que hago para ayudarme a aprender inglés es escribir palabras en tarjetas grandes y pegarlas en el techo sobre mi cama. Ahora estoy estudiando *pre-*

had been able to do all that—that they weren't capable of doing what I had done. I told them that they should take advantage of the opportunities they had—because many kids, like in Guatemala, didn't have these opportunities. They thought that my life was like any student's, but my life was different.

After telling my story in class, I felt calmer—I always feel unburdened, and I start to feel happier when I can help

I start to feel happier when I can help other people by telling my story.

other people by telling my story. After that, I began to have a few more friends in school.

This year I have teachers who tell me that I am a good student. In my vocational school I have a teacher who has a lot of affection for me. Every day I get up early with a great desire to go to school and focus on my studies. In spite of school being difficult, I always have kept a positive mind, and I'm happy. Sometimes when I go on the bus I tell myself, *I can't believe that I'm going to school!*

This semester I got good grades—I have two *A*'s and a *B*. Three months ago I was very frustrated and depressed, I thought I couldn't survive in school. This morning I said to myself, *Liliana Velázquez, daughter of Rogelio, you can be a success. You can do it, alone. Whatever happens, you are going to continue studying.* I am very proud that I can go to school—when I was a young girl I imagined going to school, and now I'm going to graduate from high school this year.

I really like nursing. Each day when I open my books about health, I get down to studying and I discover a little bit more. One thing that I do to help me learn English is to write words on big flashcards and stick them to the ceiling above my bed. Now I am studying prefixes and suffixes

fixes y *suffixes* que se usan en la medicina, como *hemiplegia* (parálisis en un lado del cuerpo), *hemoptisis* (tosiendo sangre) o *hematology* (el estudio de la sangre). También pego verbos irregulares—en inglés estos verbos son tan difíciles. Cuando me acuesto, miro hacia arriba y leo mis palabras para memorizarlas antes de dormir. De vez en cuando algunas tarjetas se caen del techo encima de mí, como si estuvieran diciendo, "No me necesitas más".

Quiero ir a la universidad. Muchas personas lo hacen, y yo también puedo hacerlo. Sí, yo puedo.

Dos Fiestas de Cumpleaños

En Guatemala yo nunca había celebrado mi cumpleaños. Nunca había tenido una fiesta, ni regalos. Mi mamá no sabía la fecha exacta de nuestros cumpleaños, porque no iba a registrar nuestro nacimiento hasta que teníamos dos o tres años. Básicamente, ella inventó la fecha de mi nacimiento— el diez de febrero.

Aquí en Filadelfia, cuando estaba viviendo con mi primera familia *foster*—donde tenía muchos problemas, como he dicho—conocí a Layla. Cuando cumplí dieciséis años, ella me dijo que quería celebrar mi cumpleaños. Hicimos esta fiesta en secreto—la señora de mi familia *foster* no supo nada. No fue una fiesta grande, con mucha gente—fue una fiesta normal, con la familia de Layla y Marcos y un par de sus amigas. Recibí regalos, como maquillaje y ropa. La abuela de Layla me dió doscientos dólares—yo metí la mayor parte en el banco y les regalé cien a mis hermanas Orfalinda y Dalila. Hubo un pastel también, y Marcos hizo mi comida favorita—*barbecue*, carne asada. Era mi primera fiesta de cumpleaños, cuando alguien se acordó de mi nacimiento y se preocupó por mí. La familia de Layla demostró que sentía mucho cariño por mí—para mí eso fue el mejor regalo. Ese día fue parte de mi sueño, algo muy especial—otro milagro.

that are used in medicine, like *hemiplegia* (paralysis on one side of the body), *hemoptysis* (coughing up blood), or *hematology* (the study of blood.) I also stick up irregular verbs—in English these verbs are so difficult. When I lie down, I look up and read my words in order to memorize them before going to sleep. Once in a while some of the flashcards fall from the ceiling on top of me, as if they were saying, "You don't need me anymore."

I want to go on to a university. Many people do it, and I can, too. I can.

Two Birthday Parties

In Guatemala I never had celebrated my birthday, I didn't have a party, nor presents. My mom didn't know the exact dates of our birthdays, because she didn't go to register our birth until we were two or three years old. Basically she invented the date of my birth—February tenth.

Here in Philadelphia when I was living with my first foster family—where I had many problems, as I have said—I began to get to know Layla. When I turned sixteen, she told me that she wanted to celebrate my birthday. We had the party in secret—the lady from my foster family didn't know anything about it. It wasn't a big party, with a lot of people—it was a regular party, with Marcos and Layla's family, and a couple of her friends. I got presents like makeup and clothes. Layla's grandmother gave me two-hundred dollars—I put most of it the bank and gave a hundred to my sisters Orfalinda and Dalila. There was a cake, too, and Marcos made my favorite food—barbecue. It was my first birthday party, when someone remembered when I was born and fussed over me. Layla's family showed how much affection they felt for me—that was the best gift. That day was part of my dream, something really special—another miracle.

Como dije, en mi familia de Guatemala ninguna de mis hermanitas allá ha celebrado su cumpleaños. Acá experimenté lo bonito que se siente cuando uno tiene una fiesta de cumpleaños, y pensé en mi hermanita que iba a cumplir quince años. Me dije, *Voy a mandarle a Orfalinda algo especial para celebrar su quinceañera, porque ella está ayudando a mis papás y no se ha casado. Como agradecimiento voy a darle dinero para que tenga una fiesta.* Le mandé quinientos dólares que gané trabajando. Mi mamá allá hizo un vestido para mi hermanita, y la fiesta fue en la casa y fue muy grande, con miembros de la familia y amigos. Llegaron tres grupos diferentes de mariachis, había regalos y había un pastel. Llamé a Orfalinda y me dijo que todo le había salido bien, ella estaba tan feliz. Y yo estaba feliz, también.

Me siento orgullosa por lo poquito que he podido ayudar a mi familia, como lo había prometido cuando me vine para los Estados Unidos. Todo lo que gano acá quiero compartirlo con ellas—yo las tengo que ayudar. Mis hermanitas tienen mucha confianza en mí—por cualquier cosa, me llaman por teléfono. Me hablan de cómo sufren por la violencia entre mi papá y mi mamá. Me dicen lo que está pasando y cómo se sienten, y las aconsejo que sean fuertes. Pero, hasta ahorita, ellas no reciben golpes, y no son maltrata-

Mi mamá ha cambiado mucho. . . .
Le he demostrado lo que
las mujeres valen.

das por mis papás. Mi mamá ha cambiado mucho, ya no tiene tantos nervios como antes, y está menos frustrada y estresada. Ella no trata a mis hermanitas como me trataba a mí. Creo que una razón por la que ella ha cambiado es porque le he demostrado lo que las mujeres valen. Creo que ahora ella confía en las mujeres más. Al fin ella me tiene cariño—me dice, "Hija, cuídate mucho".

Like I said, in my Guatemalan family none of my little sisters had celebrated their birthdays. Here I experienced how good one feels when she has a birthday party, and I thought about my little sister who was about to turn fifteen. I said to myself, *I'm going to send Orfalinda something special to celebrate her* quinceañera, *because she is helping my parents and she hasn't married. Out of gratitude I'm going to give her money to have a party.* I sent her five hundred dollars that I earned by working. My mother there made my sister a dress, and the party was in the house and was really big, with family and friends. Three *mariachi* bands came, there were presents, and there was a cake. I called Orfalinda and she told me that everything went great, she was so happy. And I was happy, too.

I feel proud because of the little bit that I have been able to help my family, like I had promised when I came to the United States. Everything I earn here I want to share with them—I have to help them. My little sisters trust me a lot—they call me on the phone for any little thing. They talk to me about how they suffer because of the violence between my mother and father. They tell me what's happening and how they feel, and I counsel them to be strong. But, right now, they're not being beaten and they're not mistreated

My mom has changed a lot. . . .
I have shown her that women
are worth something.

by my parents. My mom has changed a lot, she's not so nervous like before, and she's less frustrated and stressed out. She doesn't treat my sisters like she treated me. I believe that one reason she's changed is because I have shown her that women are worth something. I think now she trusts women more, and finally she feels affection for me—she tells me, "Daughter, take good care of yourself."

Thanksgiving

El veintiséis de noviembre, 2015, pasé mi segundo *Thanksgiving* aquí en los Estados Unidos. Mis amigos de La Puerta Abierta—Marcelo, Domingo y otros—y yo decidimos hacer una fiesta el día de *Thanksgiving* para dar las gracias a Dios por las oportunidades que habíamos tenido y por las metas que habíamos logrado. También, teníamos que dar las gracias por el nuevo carro que compró Marcelo, y celebrar el Día del Pavo. Invitamos a algunos amigos de Marcelo, Domingo y Humberto, y algunos amigos míos—más o menos quince personas llegaron. Me tocó cocinar el pavo—era la primera vez para mí, así que fuimos a *YouTube* para ver cómo cocinar un pavo relleno. Seguía faltando algo para cocinar, y entonces uno de nosotros iba a la tienda. Y luego nos faltaba otra cosa y alguien se iba otra vez a la tienda—fue así, muy loco. Hicimos como cuatro viajes al mercado. Empezamos a cocinar el pavo a las once de la mañana. Intentamos cocinar la comida tradicional que hacen acá, con puré de papa, el *sweet potato*, y el pavo; entonces agregamos arroz, que es nuestra tradición.

Los amigos invitados empezaron a llegar a las seis. Éramos todos jóvenes que teníamos la misma historia de venir de Guatemala, México y Honduras, y la mayoría de nosotros nunca había celebrado *Thanksgiving*. Era la primera fiesta aquí en los Estados Unidos que yo estaba compartiendo con mis amigos. Nos fuimos a la sala para escuchar música, y la verdad es que bailamos mucho. Pero eran más chicos que chicas—así que los chicos tenían que bailar con chicos, juntos, o dos chicos bailaban con una chica. ¡Esto sería un poquito raro en Guatemala! Fue muy divertido. Cuando vine a Filadelfia, no podía imaginar el participar en una fiesta como esta, con nuevos amigos. Me sentía tan libre.

En ese día en mi mente me dije, *Doy gracias a Dios por*

Thanksgiving

On the twenty-sixth of November, 2015, I spent my second Thanksgiving here in the United States. My friends from *La Puerta Abierta*—Marcelo, Domingo and others— and I decided to have a party on Thanksgiving Day to give thanks to God for the opportunities that we had and for the goals that we had achieved. We also had to give thanks for the new car that Marcelo bought and celebrate Turkey Day. We invited some friends of Marcelo, Domingo and Humberto, and some of my friends, and more or less fifteen people came. It was my job to cook the turkey—it was the first time for me, so we went to YouTube to see how to cook a stuffed turkey. We kept on missing something for cooking, so one of us went to a store. And then we were short of something else and someone went to the store again—it was crazy like that. We made like four trips to the store. We started to cook the turkey at eleven o'clock in the morning. We tried to cook a traditional meal like they do here, with mashed potatoes, sweet potatoes, and turkey; but then we added rice, which is our tradition.

The invited friends began to arrive at six. We were all young people who had the same story of coming from Guatemala, Mexico and Honduras, and most of us had never celebrated Thanksgiving. It was the first party in the United States that I was sharing with my friends. We went to the living room to listen to music and, the truth be told, we danced a lot. But there were more boys than girls—so the boys had to dance together with other boys, or two boys danced with one girl. This would be quite strange in Guatemala! It was a lot of fun. When I came to Philadelphia I couldn't imagine having a party like this with new friends. I felt so free.

On that day I thought to myself, *I thank God for giving me this opportunity to be here in the United States, to have my papers,*

darme esta oportunidad de estar aquí en los Estados Unidos, por la oportunidad de tener mis papeles y de tener una familia aquí que me quiere mucho, y por las otras oportunidades que me siguen llegando. Y la oportunidad de seguir con mi vida, aunque a veces algunas cosas me hayan ido mal.

La Navidad

La Navidad, 2015—La Nochebuena. Mi tercera Navidad en Filadelfia. La Navidad y el Año Nuevo es cuando me siento más sola, alejada de mis padres, hermanitas, y abuelos en Guatemala, y de mis hermanos en Carolina del Norte. Cuando vivía con mi familia en Guatemala celebrábamos la Navidad, hacíamos tamales, quebrábamos las piñatas, había muchos petardos y cantábamos en posadas. Toda la familia estaba junta. Hacíamos una fiesta en la iglesia empezando a las doce de la noche el día de la Navidad, y nos abrazábamos, nos felicitábamos. Después, salíamos afuera a mirar las estrellas cayendo del cielo.

Me dolía en el alma porque no podía estar con mi familia en Guatemala para la Navidad. Me sentía tan sola, aunque estaba con mi nueva familia en Filadelfia, rodeada por personas que me querían, que estaban aquí siempre conmigo, apoyándome. En esa Navidad de 2015, me di cuenta de que mi destino era vivir lejos de mi familia en Guatemala y vivir con mi nueva familia aquí en los Estados Unidos.

Mi Edredón

Pienso mucho en mi abuela, que no he visto por más de tres años. Ella lleva un corte típico que usan las mujeres de Guatemala. La tela es de muchos colores y de dos metros de largo, muy cara allá en Guatemala—entonces ella solo puede tener dos o tres cortes. En mi pueblo las mujeres casi no las usan—se visten en ropa moderna, como pantalones

to have a family here that loves me so much, and for other opportunities that keep coming my way. And the opportunity to continue my life, even though at times it has gone badly.

Christmas

Christmas 2015—*La Noche Buena*. My third Christmas in Philadelphia. Christmas and New Year's is when I feel most alone, so far from my parents and little sisters and grandparents in Guatemala, from my brothers in North Carolina. When our family in Guatemala celebrated Christmas, we made tamales and broke open piñatas, there were lots of fireworks, and we went from house to house singing Christmas carols. The whole family was together. We had a party in the church, beginning at midnight on Christmas day, and hugged and congratulated each other. Afterwards, we all went outside and looked at the shooting stars.

My soul ached because I couldn't be with my family in Guatemala for Christmas. I felt so alone, even though I was with my new family in Philadelphia, surrounded by people who loved me, who were there for me always, helping me. That Christmas of 2015 I realized that my destiny was to live far away from my family in Guatemala, and live with my new family here in the United States.

My Quilt

I think a lot about my grandmother, whom I haven't seen for more than three years. She wears a traditional skirt, called a *corte*, which the women of Guatemala use. The fabric is many-colored and about six feet in length, and is very expensive in Guatemala—so she can only have two or three skirts. In my village the women mostly don't wear them—they dress in modern clothes, like regular pants and dresses. But in some Guatemalan towns—like San Marcos

y vestidos normales. Pero en algunos pueblos de Guatemala—como San Marcos o Huehuetenango, Chela y San Francisco—las mujeres todavía usan vestidos típicos. Antes, en mi pueblo los antepasados usaban este corte, pero ahora la gente lo está olvidando. A mí me gustaba mucho el corte, pero nunca lo usaba, porque ya no era parte de la cultura de mi pueblo. En un momento llegué a pensar *Toda esta ropa típica de Guatemala se está perdiendo*, y esto me puso triste.

Mi mamá en Guatemala tenía una máquina de coser. Ella cosía ropa y la vendía en el mercado, y también cosía pantalones para nosotros. Ella cuidaba mucho su máquina, y no dejaba que la usáramos, porque tenía miedo de que nosotros la rompiéramos. Nuestra madre nunca nos enseñó cómo usar la máquina, pero mi hermanita y yo veíamos como ella la usaba, y así aprendíamos. Cuando ella estaba afuera, mi hermanita y yo agarrábamos la máquina a escondidas, y cosíamos nuestros vestidos de muñecas. A veces quebrábamos la aguja de la máquina, y cuando nuestra mamá llegaba, decía, "¿¡Quién rompió mi máquina!?" Y respondíamos, "No lo sé".

Layla, mi mamá de Filadelfia, sabía que a mí me gustaba coser, y por eso me regaló una máquina de coser y alguna tela, y pagó por un curso de costura. Empecé a coser y arreglar mi ropa. Un día pasé por una tienda aquí en Filadelfia y vi unos edredones que estaban vendiendo, y me gustaron mucho los diferentes diseños y colores. Traté de observarlos, cómo se hacían. Y me puse a pensar, *Debo hacer esto con la tela típica de Guatemala—no quiero perder mi cultura, y también puede ser un recuerdo de mi abuela. Voy a coser un edredón.* Layla ordenó telas de Guatemala *on line.* Cuando empecé a hacer el *quilt,* estaba muy animada. Inventé el diseño, que era bastante complicado. Primero, corté los pedacitos de tela, e hice una muestra, pero no me gustó ese diseño; entonces volví a pegar los pedacitos en diferentes maneras. Al fin, me gustó el patrón.

or Huehuetenango, Chela and San Francisco—the women still wear traditional clothes. Before, in my village our ancestors used the *corte*, but now people are forgetting about it. I really liked the traditional skirt, but I didn't wear it because I was young and it wasn't part of the culture of my village. One time I got to thinking, *All of this traditional Guatemalan clothing is getting lost,* and it made me sad.

My mother in Guatemala had a sewing machine. She sewed clothing and sold it in the market, and she also sewed pants for us. She took really good care of her machine, and didn't let us use it because she was afraid we'd break it. She never taught us how to use the machine, but my little sister and I watched how she used it, and that's how we learned. When she was away, my sister and I grabbed the sewing machine and sewed our own doll dresses on the sly. Once in a while we broke the machine's needle, and when our mother returned she said, "Who broke my sewing machine!?" and we replied, "I don't know."

Layla, my Philadelphia mom, knew that I liked to sew, so she gave me a sewing machine and some cloth for a present, and she paid for a sewing class. I began to sew and mend my clothes. One day here in Philadelphia I passed by a store and saw some quilts that were for sale, and I really liked the different designs and colors. I tried to check them out, to see how they were made. I got to thinking, *I ought to do this with the traditional cloth of Guatemala—I don't want to lose my culture, and it can be a remembrance of my grandmother. I'm going to sew a quilt.* Layla ordered Guatemalan cloth online. When I started making the quilt I was excited. I invented the design, which was pretty complicated. First, I cut the small pieces of cloth and made a sample, but I didn't like that design; then I tried putting the little pieces together in different ways. Finally, I liked the pattern.

I set about sewing the quilt. It took quite a long time to make it because it was really big. In November I thought

Me puse a coser el *quilt*. Me tomó bastante tiempo hacerlo porque era muy grande. En noviembre pensé en Layla, que ella me había comprado la máquina de coser y la tela, y me dije, *Quiero regalarle a mi mamá este edredón que he hecho con mis propias manos. Quiero darle un recuerdo de Guatemala, de mi tradición, de las mujeres de Guatemala. Quiero que ella sepa lo mucho que la amo.* Se acercaba la Navidad y empecé a coserlo más rápido, y trabajaba duramente para terminarlo. Estaba muy ocupada, y no tenía ni tiempo para ver la tele, ni nada. El *quilt* medía cerca de tres metros por tres metros. Al fin lo terminé y llegó el día en que abrimos los regalos de Navidad, y le regalé a Layla el edredón. Ella se puso muy contenta. Y ahorita, el *quilt* está en su cama.

Estoy muy orgullosa de las tradiciones de mi país. Decidí que para mi clase de español iba a hacer un proyecto para representar a las mujeres indígenas de Guatemala. Tuve que conseguir la tela de Guatemala que usaban para los cortes y los güipiles. *Güipil* es una palabra indígena—es una blusa muy típica de Guatemala. Me gusta coser porque las cosas que hago me recuerdan a Guatemala, y a mi mamá que le gustaba coser.

Otra tradición en Guatemala es que los ancianos, como mi abuela, usaban muchas ollas de barro, y siempre me gustaban esas ollas. Y ahora que tengo la oportunidad, decidí tomar clases de cerámica—nunca aprendí en Guatemala. Muchas de mis ollas están en un estante en la cocina de mi nueva casa. Algunas son platos o vasos, y otras son tortugas. Todos me recuerdan de Guatemala.

Mi Novio

Después de ser amigos por un año y medio, Rolando llegó a ser mi novio. Es como seis años mayor que yo. Como mencioné, lo conocí en la iglesia. Primero, yo lo trataba mal, porque no confiaba en ningún hombre; pero al fin nos hici-

about Layla, how she had bought me the sewing machine and cloth, and I said to myself, *I want to give my mother this quilt as a present that I have made with my own hands. I want to give her a memory of Guatemala, of my tradition, of the women of Guatemala. I want her to know how much I love her.* Christmas approached and I began to sew it very fast and worked really hard to finish it. I was crazy busy, I didn't have time to watch television, nothing. The quilt was almost nine feet by nine feet. Finally, I finished it and, the day arrived when we opened the Christmas presents and I gave the quilt to Layla. She was very happy. And now the quilt is on her bed.

I'm very proud of my country's traditions. I decided that for my Spanish class I was going to do a project to represent the indigenous women of Guatemala. I had to get the cloth that they use for their *cortes* and *güipiles*. *Güipile* is an indigenous word—it's a traditional blouse of Guatemala. I really like to sew because the things that I make remind me of Guatemala and of my mother who liked to sew.

Another Guatemalan tradition is that the elders, like my grandmother, used pots made of clay, and I always liked those pots. Now that I have the opportunity, I decided to take ceramic classes—I never learned how in Guatemala. Many of my pots are on a shelf in the kitchen of my new house. Some are plates or glasses, and others are turtles. They all remind me of Guatemala.

My Boyfriend

After being friends for a year-and-a-half, Rolando became my boyfriend. He's about six years older than I am. As I mentioned, I met him in church. First, I treated him badly, because I didn't trust any man, but eventually we became good friends—he was the one who brought me food from the pizzeria at night. Then he began to show interest in me, in being my boyfriend, and I told him, "I can't be boyfriend

mos buenos amigos—era él quien me traía comida de la pizzería durante la noche. Entonces empezó a mostrar interés en mí, en ser mi novio, y le dije, "No podemos hacernos novios tan rápido". Él tuvo paciencia, y me dijo, "Tómate tu tiempo". Poco a poco empecé a compartir mi vida, cómo yo había sufrido y había sido maltratada por los hombres. Pero todavía no confié en él completamente.

Antes, en Guatemala, no quería tener nada que ver con los hombres. De aquí en adelante, haré muchas reglas con muchos límites en la relación que tengo con un hombre. Después de un tiempo, Rolando me pidió que yo fuera su novia y yo le dije, "No quiero que tú estés jugando conmigo, quiero una relación seria. Estas son mis condiciones:"

No puedes maltratarme.
Acéptame como soy.

No puedes maltratarme.
Acéptame como soy.
Si me quieres, me vas a respetar; y si yo te quiero,
    te voy a respetar.
No vayas con otras chicas.
Háblame con la verdad, y yo te voy a hablar
    con la verdad.
Tienes que respetar todas mis decisiones.
No es fácil para mí tener una relación física—
    tienes que respetarme y darme tiempo.
No me gusta que seas celoso, quiero que me
    des permiso para salir.
Me vas a dejar libre, me vas a respetar mi espacio;
    si no—vete.
Si tenemos un problema, nos vamos a sentar a hablar.

Mi novio ha respondido bien, me escucha y me entiende bien. Me quiere a pesar de todas las reglas y las condiciones que he puesto, y tiene paciencia conmigo. Poco a poco él

and girlfriend so fast." He was patient, and said, "Take your time." Little by little I began to share my life—how I had suffered and had been abused by men. But I still didn't trust him completely.

Before, in Guatemala, I wouldn't have anything to do with men. From now on I will set many rules, with many limits, in my relationship with a man. After a while, Rolando asked me to be his girlfriend, and I told him, "I don't want you to be playing with me, I want a serious relationship. These are my conditions":

You cannot mistreat me.
Accept me as I am.

You cannot mistreat me.
Accept me as I am.
If you love me, you will respect me; and if I love you,
    I will respect you.
Do not go around with other girls.
Tell me the truth, and I will tell you the truth.
You have to respect all of my decisions.
It is not easy for me to have a physical relationship—
    you have to respect me and give me time.
I don't like it when you are jealous, I want you to give
    me permission to go out.
You will let me be free, you will respect my space;
    if not—go away.
If we have a problem, we will sit down and talk.

My boyfriend has responded well, he listens to me and really understands. He loves me in spite of all the rules and conditions that I have laid down, and he is patient with me. Little by little he is earning my trust, and I realize that not all men are the same. We've had some difficulties, but we always talk and we come to an understanding, and then we go on. Because of my relationship with him I feel more

está ganando mi confianza, y me doy cuenta de que todos los hombres no son iguales. Hemos tenido algunas dificultades, pero siempre nos hablamos y nos entendemos, y después seguimos en lo mismo. Por mi relación con él me siento más tranquila, es parte de lo que he superado. Antes me sentía sola, no querida—Rolando me ha cuidado mucho, me ha ayudado a salir adelante y quiere que yo siga yendo a la escuela, y por eso lo amo. Ya he tomado la decisión—voy a quedarme con él.

El Regreso del Coyote

Dos años después de llegar a Filadelfia, César—el coyote con que yo había viajado de Chiapas hasta la Ciudad de México, que me dio dinero en México para llegar a la frontera—me llamó. Yo no había tenido ningún contacto con él. Él había llamado a mi mamá, y obtuvo mi número. Me preguntó cómo estaba, y le dije, "Bien—fue muy difícil para mí", y le conté todo lo que me pasó. Me dijo, "Me alegro mucho que estés bien y que hayas llegado a los Estados Unidos".

Entonces, un mes después, me llamó una segunda vez. Me dijo que todavía estaba trayendo gente para acá, y que los ladrones acababan de asaltarlo y robarlo. "Oye", me dijo, "necesito tu ayuda, necesito el dinero". Y le dije, "Te voy a pagar, como te prometí". Yo estaba agradecida con César, porque me había estimulado a que yo lograra mis sueños. Y por fin, después de dos años, le envié ciento cincuenta dólares. Ahora me siento más tranquila porque no tengo ninguna deuda.

Yo Visito a Mis Hermanos

Cuando vine a los Estados Unidos, quería estar con mis hermanos Jesús y Gabriel, en Carolina del Norte, pero Inmigración dijo que era imposible. En el 2014—un año y

at peace, it is part of what I have overcome. Before, I felt alone, unloved—Rolando has really taken care of me, he has helped me get ahead and wants me to continue going to school, and I love him for that. I have made the decision—I'm going to stay with him.

The Return of the *Coyote*

Two years after I arrived in Philadelphia, César—the *coyote* whom I had traveled with from Chiapas to Mexico City, and who gave me money in Mexico City to get to the border—called me. I hadn't had any contact with him. He had called my mother and obtained my phone number. He asked how I was doing and I told him, "Good—it was really hard for me," and told him everything that happened to me. He said, "I'm happy that you are doing well and made it to the United States."

Then, a month later, he called me a second time. He told me that he was still bringing people here, and that thieves had just attacked him and robbed him. "Listen," he said, "I need your help, I need the money." And I told him, "I'll pay you, like I promised." I was grateful to César, because he had encouraged me to achieve my dreams. And at last, after two years, I sent him a hundred-fifty dollars. Now I feel more at peace because I don't have any debts.

I Visit My Brothers

When I came to the United States, I wanted to be with my brothers Jesús and Gabriel in North Carolina, but Immigration said it was impossible. In 2014—a year and a half after being stopped at the border—the court gave me permission to visit them. But my Philadelphia parents had to go with me and be present during the visit. Besides, my new family wanted to meet my brothers as well, so that summer Layla

medio después de ser detenida en la frontera—la corte me dio permiso para visitarlos. Pero mis papás de Filadelfia tuvieron que ir conmigo y estar presentes durante la visita. Además, mi nueva familia quería conocer a mis hermanos también, así que ese verano Layla y Marcos y yo fuimos a Carolina del Norte. Yo estaba contenta de ver a mis hermanos después de tanto tiempo, pero también estaba muy nerviosa, porque era muy joven cuando ellos se fueron de la casa. Cuando los visitamos, yo estaba frustrada porque el juez dijo que no podía pasar tiempo con ellos sola—Layla o Marcos tenían que estar con nosotros—y no podíamos tener una conversación privada.

Yo había guardado la Biblia que traje de Guatemala, que me había protegido en mi camino—era de mi hermano Jesús. Cuando fui a Carolina del Norte, le llevé a Jesús esa Biblia para que tuviera buena suerte también. Le dije, "Esta Biblia me cuidaba, y ahora te va a proteger a ti". Cuando le di su Biblia, lloró y se veía muy triste—para él era muy importante.

Mientras estaba allá, me di cuenta de que sería muy difícil vivir con mis hermanos, porque casi no tenían tiempo libre para estar juntos—tenían que trabajar muchas horas en empacadoras. Y no ganaban suficiente. También vivían con miedo, porque había muchas deportaciones allá y no tenían papeles. Mis hermanos estaban muy ocupados y no vivían juntos. Tuve que pensar en cómo era la situación allá—que era imposible que ellos me pudieran ayudar o atenderme.

Cuando regresamos de Carolina del Norte estaba feliz porque había visto a mis hermanos, pero también me quedé muy triste. Quería estar con mis hermanos, pero también quería estar con mi nueva familia. Aquí en Filadelfia yo había conocido a Layla y Marcos y sus hijos, a Cathi y mis amigos en La Puerta Abierta, a los otros compañeros en la escuela, y a Kristen, mi trabajadora social. Estaba yendo a la escuela, y todavía estaba peleando con mi caso. Aquí había muchas cosas que yo había logrado. A los dieciocho

and Marcos and I went to North Carolina. I was excited to see my brothers after so many years, but I was nervous, too, because I was really young when they left home. When we visited them I was frustrated because the judge had said that I couldn't spend time with them alone—Layla or Marcos had to be with us—and we weren't able to have a private conversation.

I had kept the Bible that I brought from Guatemala, which had protected me on my way—it belonged to my brother Jesús. When I went to North Carolina, I took Jesús the Bible so he would have good luck, too. I told him, "This Bible took care of me, and now it's going to protect you." When I gave him his Bible, he cried and looked really sad—it was very important to him.

While I was there, I realized that it would be very difficult to live with my brothers, because they had almost no time to be together—they had to work long hours in the packing houses. And they earned very little. Also, they lived in fear, because there were many deportations down there and they didn't have papers. I had to think about what the situation was like there—how it was impossible for them to help me or take care of me.

When we returned from North Carolina, I was somewhat happy because I had seen my brothers, but also I felt really sad. I wanted to be with my brothers, but I also wanted to be with my new family. Here in Philadelphia, I had gotten to know Layla and Marcos and their two boys, and Cathi and my friends in *La Puerta Abierta,* and other pals from school, and my social worker Kirsten. I was going to school, and I was still fighting my case in court. I had accomplished many things here. When I turned eighteen, I could live with my brothers if I wanted to. I said to myself, *Liliana, decide to stay here or go.* And finally I decided to stay here in Philadelphia. It was a really complicated decision, because my dream had been to live with them. But now

años podría vivir con mis hermanos si así lo quisiera. Me dije a mí misma, *Liliana, decides quedarte o irte.* Y finalmente decidí quedarme acá en Filadelfia. Fue una decisión muy complicada, porque mi sueño había sido vivir con ellos. Pero ahora tengo otros sueños que no puedo realizar allá— solo puedo realizarlos aquí en Filadelfia.

Una Adulta Otra Vez

Me pongo a pensar y no puedo creerlo—que hace tres años no había nadie que se ocupara de mí, pero por dos años he tenido la familia de mis sueños que me ha cuidado como

Comencé a vivir la niñez que no había vivido en Guatemala.

una niña inocente. Y me acostumbré. Comencé a vivir la niñez que no había vivido en Guatemala. Porque allá a los diez o doce años los niños son como adultos—tienen que trabajar, tienen que ganar dinero y ayudar a los papás con las responsabilidades de la casa.

Acabo de cumplir dieciocho años, y ahora quiero volver a ser responsable por mí misma como había hecho antes en Guatemala. Legalmente, con dieciocho años, tengo más derechos de hacer las cosas independientemente. Tengo una cuenta de banco, puedo ir al doctor sola, puedo tomar mi examen de manejar. Voy a ser responsable de los gastos de la escuela. Al fin, puedo visitar a mis hermanos sola— estoy haciendo planes para visitarlos en Julio. El dinero de Lutheran Settlement que antes era enviado a mi familia ahora va a llegar directamente a mí. Voy a usar este dinero para pagar alquiler aquí, para pagar la luz, el agua—es como tener un apartamento en la casa de mi familia. Y tengo que ayudar más en la casa.

Ahora estoy lista para cuidar de mí misma como una adulta.

I have other dreams that I can't achieve there—I can only achieve them here in Philadelphia.

An Adult Once Again

I get to thinking and I can't believe it—three years ago there wasn't anybody to look after me, but for two years now I have had the family of my dreams that has cared for me

I began to live the childhood that I didn't have in Guatemala.

like an innocent little girl. And I got used to it. I began to live the childhood that I didn't have in Guatemala. Because there, at ten or twelve years old, children are like adults—they have to work, they have to earn money and help their parents with household responsibilities.

I just turned eighteen, and now I want to go back to being responsible for myself, like I had done before in Guatemala. Legally, at eighteen, I have rights to do things independently. I have a bank account, I can go to the doctor alone, I can take my driver's license exam. I'm going to be responsible for school expenses. Finally, I can visit my brothers alone—I'm making plans to visit them in July. The money from Lutheran Settlement that was sent to my family before for taking care of me now will come directly to me. I'm going to use that money to pay rent here, to pay for light, water—like having an apartment in my family's house. And I have to help more around the house.

Now I'm ready to take care of myself, like an adult.

My Second Visit to My Brothers

In the summer of 2016, as a legal adult, I could go by myself to see my brothers in North Carolina. I decided to travel there and spend the month of July with them. I found many

Mi Segunda Visita a Mis Hermanos

En el verano de 2016, como una adulta legal, podía ir sola a visitar a mis hermanos en Carolina del Norte. Decidí viajar allá y pasar el mes de julio con ellos. Allá encontré muchas cosas que me hacían recordar a Guatemala. Había muchas casas llenas de familias hispanas que eran similares a las casas de mi pueblo de Villaflor. Había mucha pobreza, y para sobrevivir mis hermanos tenían que trabajar muchísimas horas. Gabriel trabajaba en una empacadora de camotes desde las siete de la mañana a veces hasta las nueve de la noche—catorce horas cada día, seis días a la semana. Jesús trabajaba en una empacadora de pavos desde las cuatro de la mañana hasta las tres de la tarde, y su esposa trabajaba en una empacadora de pepinos desde las cinco de la tarde hasta las cuatro de la mañana. Muchas veces sus niños—que tenían cinco y siete años—se quedaban solos porque sus padres estaban trabajando o durmiendo. Sus padres se iban a trabajar y les dejaban la comida en el refrigerador para sacar más tarde. Durante la semana que viví con la familia de Jesús, no quería dejar a sus niños porque me daba mucha lástima ver a mis sobrinos pasando tanto tiempo en la casa solos, viendo la tele.

Viendo a mis hermanos y sus familias, me di cuenta de que su vida era demasiado difícil. Pensaba en mi propia vida y me decía, *Gracias a Dios por darme todas las oportuni-*

Decidí trabajar empacando camotes, para no olvidarme de dónde yo venía y cómo se sufre allá.

dades que mis hermanos no tienen. Decidí trabajar con Gabriel por tres semanas empacando camotes, para no olvidarme de dónde yo venía y cómo se sufre allá. El primer día trabajé desde la siete de la mañana hasta las seis de la tarde. Dos veces yo tuve que trabajar hasta las doce de la noche, poniendo cajas en las líneas, limpiando y cogiendo camotes—

things there that reminded me of Guatemala. There were so many houses full of Hispanic families that were just like the houses in my village of Villaflor. There was a lot of poverty, and in order to survive my brothers had to work long hours. At times Gabriel worked in a sweet potato packing house from seven in the morning until nine at night—fourteen hours a day, six days a week. Jesús worked in a turkey packing house from four a.m. until three p.m., and his wife worked in a cucumber packing house from five in the afternoon until four a.m. Often their children—who were five and six years old—stayed alone because their parents were working or sleeping. Their parents went to work and left them food in the refrigerator to take out later on. During the week that I lived with Jesús' family, I didn't want to leave their kids because it hurt me to see my nephews spending so much time alone in the house, watching TV.

Seeing my brothers, I realized that their life was too hard. I thought about my own life and said to myself, *Thank God for giving me all the opportunities that my brothers don't have.*

I decided to work packing sweet potatoes, so I wouldn't forget where I came from and how you suffer there.

I decided to work with Gabriel for three weeks packing sweet potatoes, so I wouldn't forget where I came from and how you suffer there. On the first day I worked from seven in the morning until six at night. Twice I had to work until twelve at night, lining up boxes, cleaning and sorting sweet potatoes—sixteen hours. Then I had to return to work the next morning. We were almost all men and women from Mexico and Guatemala—no gringo was working in that packing house. All of the Hispanic workers were totally undocumented, without papers, except me and two other people. They paid us seven thirty-five an hour.

diecisiete horas. Después, tenía que regresar a trabajar la próxima mañana. Éramos mayormente mujeres y hombres de México y Guatemala—ningún gringo trabajaba en esa empacadora. Todos los trabajadores hispanos eran puros indocumentados, sin papeles, excepto yo y otras dos personas. Nos pagaron siete dólares con treinta y cinco la hora.

Esa experiencia viviendo con mis hermanos me hizo reflexionar sobre mi propia vida. Me di cuenta de cómo mi vida ha cambiado, cómo era diferente de la vida de mis hermanos. En un sentido ellos están sufriendo más aquí que allá en Guatemala—aquí tienes que trabajar y trabajar y trabajar sin descanso. Entiendo que lo hacen para dar más oportunidades a los niños—Jesús me dijo que no quería que sus hijos sufrieran lo que él había sufrido en nuestra familia en Guatemala. Cada día cuando yo estaba trabajando allá, pensaba que tenía que enfocarme más en mis estudios, porque no quería vivir como mis hermanos. Y tenía que valorar a mi familia en Pensilvania y aprovechar las oportunidades que tenía. Al mismo tiempo, me sentía muy orgullosa de mí misma, de lo mucho que yo había aprendido—por ejemplo, cuando fuimos a un restaurante allá yo fui la traductora; y cuando platicaba con mis hermanos mayores me pedían consejos y me escuchaban.

Ver la vida de mis hermanos para mí fue muy triste. Después de un mes, quería regresar a Filadelfia y estar con mi nueva familia, con más compromiso para seguir luchando. Tampoco nadie me abrazó en Carolina del Norte—yo sabía que mi familia y mis amigos en Filadelfia me esperaban con muchos abrazos.

Ayudando a Mi Familia en Guatemala

Siempre estoy mandando dinero a mi familia, especialmente a mis hermanitas. Cuando empecé a vivir con mi primera familia *foster*, cada mes recibía cincuenta dólares

That experience living with my brothers made me reflect on my own life. I realized how my life had changed, how it was different from the life of my brothers. In a sense, they were suffering more here than in Guatemala—here you have to work and work and work without rest. I understand that they do it to give their children more opportunities—Jesús told me that he didn't want his children to suffer like he had suffered in our family in Guatemala. Every day when I was working there, I thought about how I had to focus more on my studies, because I didn't want to have to live like my brothers. And I had to cherish my family in Pennsylvania and take advantage of the opportunities that I had. At the same time I felt very proud of myself, of how much I had learned—for example when we went to a restaurant, I was the translator; and when I talked with my older brothers they asked me for advice and listened to me.

To see the life my brothers lived was very sad. After a month I wanted to return to Philadelphia to be with my new family, with greater commitment to continue fighting on. Nobody hugged me in North Carolina, either—I knew that my family and friends in Philadelphia were waiting for me with a bunch of hugs.

Helping My Family in Guatemala

I'm always sending money to my family in Guatemala, especially to my little sisters. When I began to live with my first foster family, I received fifty dollars each month from the Lutheran program for my house expenses, and I tried to save money to send to my family. I spent only ten or fifteen dollars and kept the rest and sent it to Guatemala.

After getting my work permit I began to earn money by babysitting and cleaning houses while I went to school. Now I send my family about a hundred or a hundred-fifty dollars each month. There, a hundred-fifty is a lot of

del programa de Lutheran para mis gastos en la casa. Gastaba solo diez o quince dólares, y guardaba lo demás y lo enviaba a Guatemala.

Después de recibir el permiso para trabajar, empecé a ganar dinero cuidando niños y limpiando casas mientras asistía a la escuela. Ahora le envío como cien o ciento cincuenta dólares a mi familia cada mes. Allá, ciento cincuenta es mucho dinero—a veces ellos no ganan nada. Como he dicho, mi esperanza es mandar dinero a mi familia en Guatemala para construir una casa. Si cumplo eso, habré realizado mi último sueño. Todavía no he hablado con mis padres sobre mi plan—no puedo hacer promesas hasta que yo tenga el dinero. Pero va a suceder.

Estoy orgullosa de mis hermanitas, especialmente porque no piensan en casarse todavía—o sea, están siguiendo mis pasos. Decidí que quería compartir mi ropa con ellas, y les envié una caja grande llena de ropa, zapatos, mochilas, y dos *thermos* para guardar el café. También mandé ropa de niños para la gente pobre de mi pueblo. Me gusta ayudar y compartir lo poco que tengo, como le había prometido a Dios cuando me vine de Guatemala. Después de enviar la ropa a mi familia, hablé con mi mamá y me dijo, "Gracias por no olvidarnos". Creo que al fin ella está orgullosa de mí.

Mi destino me ha llevado por otro camino, lejos de mi familia; pero siempre aquí les traigo en mi corazón y no los he olvidado.

money—at times they don't earn anything. As I said, my hope is to send money to my family in Guatemala to build a house. If I achieve that, I will have realized my ultimate dream. I still haven't told my parents about my plan—I can't make promises until I have the money. But it will happen.

I'm proud of my little sisters, especially because neither of them wants to get married yet—they're following in my footsteps. I decided that I wanted to share my clothes with them, and I sent them a big box of clothes, shoes, backpacks, and two Thermos' to keep their coffee in. I also sent children's clothes for the poor people of my village. I like helping and sharing the little bit that I have, like I had promised God when I came from Guatemala. After sending the clothes to my family, I spoke with my mother and she said, "Thank you for not forgetting us." I think that finally she is proud of me.

My destiny has taken me down a different path, far from my family; but I always carry them here in my heart and I have not forgotten them.

Con mi nueva familia—la familia de mis sueños
With my new family—the family of my dreams

Con esta *Green Card* tengo un futuro seguro
With this Green Card I have a safe future

¡Al fin! Visito a mis hermanos en Carolina del Norte

Finally! I visit my brothers in North Carolina

Mi hermana Orfalinda celebra su quinceañera con mi mamá, mi abuela y mi papá

My sister Orfalinda celebrates her fifteenth birthday—her *quinceañera*—with my mother, my grandmother and my father

Con cautela, estoy
aprendiendo a
confiar en un
hombre

With caution, I am
learning to trust
a man

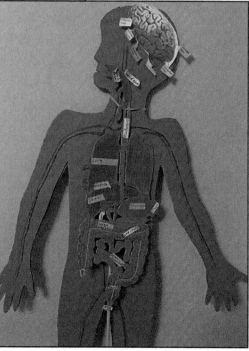

Hice este dibujo para
enseñarme la anatomía

I did this drawing to teach
myself anatomy

Cosí este edredón con orgullo
I sewed this quilt with pride

¡La primera persona en mi familia que se ha graduado de la escuela secundaria!

The first person in my family to graduate from high school!

IV

Reflexiones

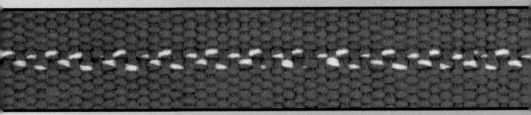

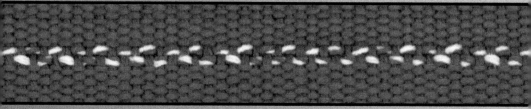

Reflections
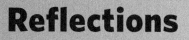

Se Me Quitó el Miedo

Cuando tenía catorce años decidí venir a los Estados Unidos sola. Me dije, *Voy a perder todo mi miedo, si yo nunca me esfuerzo no voy a realizar mi sueño.* Cuando tomé esa decisión, me dispuse a todo. No me importaba qué me iba a pasar, porque ya había pasado muchas cosas allí en Guatemala. Hice esa decisión por desesperación, por el coraje que tuve siempre, por ver a mis papás sufriendo, por ver a los padres de mi pueblo que no cuidaban a sus niños, por ver a los pobres niños que sufrían, por ver la violencia entre familias y entre vecinos—por ver mi pobre país. Y como yo había sufrido parte de eso, decidí viajar lejos, sin miedo. Cuando vine aquí, hice muchas cosas que no se pueden imaginar, sin saber nada. No tenía un plan, como a dónde ir, con quién me iba a encontrar o quedar, si tenía qué comer, si tenía dónde dormir, o dónde iba a conseguir dinero. No pensaba en esas cosas. Solo me dije ¡*Me voy!* No

No sabía lo que estaba haciendo—era una locura y una valentía al mismo tiempo.

sabía lo que estaba haciendo—era una locura y una valentía al mismo tiempo.

Ahora no estoy sola. Les doy las gracias a las personas que me han ayudado a comprenderme a mí misma, porque nunca me había dado cuenta de cómo soy, de cómo otras

I Got Rid of My Fear

When I was fourteen, I decided to come to the United States alone. I told myself, *I'm going to get rid of all of my fear, if I never strive I won't accomplish my dream.* When I made that decision, I was ready for anything. What was going to happen to me wasn't important, because many things had already happened there in Guatemala. I made that decision out of desperation, out of the anger I always had, from seeing my mother and father suffering, from seeing parents in my village who didn't care for their children, from seeing the violence within families and between neighbors—from seeing my poor country. And, as I suffered some of that, I decided to go far away without fear. When I came here I did many things that I couldn't imagine, without knowing anything. I didn't have a plan, like where I was going, who I was going to meet up with or stay with, if I had anything to eat or a place to sleep, or where I was going to get money. I didn't think about those things. I only told myself, *I'm going!*

I didn't know what I was doing—it was insanity and bravery at the same time.

I didn't know what I was doing—it was insanity and bravery at the same time.

Now I'm not alone. I thank the people who have showed me what I am like, because I had never realized how other people see me. Many people have encouraged me. They tell

personas me ven. Muchas personas me han alentado, me dicen, "Tú eres una persona muy fuerte, has luchado y superado tanto. Tú eres muy humilde, muy amable, e inteligente a la vez. Tú me inspiras". Estoy empezando a creerlo.

Y, sí—se me quitó el miedo.

Ahora Tengo Dos Familias

Ahora tengo dos familias. Mi mamá en Guatemala me dio la vida, y sin ella yo no estaría acá. Y Layla y Marcos, mis papás de aquí, me dieron la oportunidad que nunca tuve, y los quiero también. No sé cómo explicarlo, pero las dos familias son parte de mis sueños.

Una carta a mi mamá en Guatemala:

El sufrimiento, el dolor, la tristeza, y la desesperación que pasaste—yo los vivía en carne propia, yo lo sentía. Cuando era chica, me moría de rabia por los maltratos, por la falta de cuidado, por falta de tu apoyo. Pues, decidí salir adelante, me alejé por la necesidad. La razón por la que me vine a los Estados Unidos fue para realizar mis sueños y para ganar tu respeto, que siempre me decías que las mujeres no valían nada. Vine también para demostrarles a mis hermanitas que ellas tienen los mismos derechos que mis hermanos, que valen lo mismo que ellos, que pueden seguir adelante. No quiero que mis hermanitas sufran como yo he sufrido. Aunque mis hermanitas no están conmigo, estoy orgullosa de ellas. Quiero que tú y mi papá sepan que ustedes no tenían la culpa—no tuvieron una infancia, no tuvieron educación, no tenían recursos y eran muy pobres. No te guardo ningún rencor—he aprendido a perdonar. Gracias a ti, pude esforzarme y salir adelante, sola. Fue muy difícil alejarme de ti, pero siempre te tengo en mi mente, y nunca te voy a dejar de querer.

me, "You are a very strong person, you have struggled and overcome so much. You are very humble, very friendly, and intelligent at the same time. You inspire me." I am beginning to believe it.

And, yes—I got rid of my fear.

Now I Have Two Families

Now I have two families. My mother in Guatemala gave me life, and without her I wouldn't be here. And Layla and Marcos, my parents here, gave me the opportunity that I never had, and I love them, too. I don't know how to explain it, but the two families are part of my dreams.

A letter to my mom in Guatemala:

The suffering, pain, sadness and desperation that you went through—I lived it in the flesh, I felt it. When I was a little girl I was dying of rage because of your abuse and insults, your lack of caring and support. Well, I decided to get ahead. I left out of necessity. The reason I came to the United States was to achieve my dreams and earn the respect of you, who always told me that women were worthless. I came, too, to show my little sisters that they have the same rights as my brothers, that they are worth just as much as them, that they can get ahead. I don't want my sisters to suffer like I have suffered. Even though my sisters aren't with me, I am proud of them. I want you and Father to know that it's not your fault—you didn't have a childhood or education, you had no resources and were very poor. I don't have any bitterness toward you—I have learned to forgive. Thanks to you, I was able to strive and get ahead, to be strong, alone. It was really hard for me to leave you, but I always have you in my mind, and I'll never stop loving you.

Una carta a Layla y Marcos, mis papás aquí en los Estados Unidos:

Ustedes han sido los papás de mis sueños—gracias por abrir la puerta de su casa y por darme el amor y cariño cuando yo lo necesitaba, y por tratarme bien. Ustedes me incluyeron como parte de su vida, como parte de su familia, me cuidaban como su niña. No tengo palabras para decirles...eran como ángeles que habían caído del cielo. Después de todos los sufrimientos y de todo lo que me había pasado, ustedes eran parte de mis esfuerzos, de mis sueños. Antes, en Guatemala, yo no confiaba en las personas, pero con ustedes ha sido diferente. Todavía no lo puedo creer. Ustedes y sus hijos—mis hermanitos—me aceptan como soy. Ustedes son parte de mi destino, parte de mi suerte, y los quiero.

Realizando Mis Sueños

En Guatemala, quería ir a la escuela y seguir estudiando, pero no podía. Quería ser alguien y superar lo que me había pasado antes, y había decidido hacer una vida diferente. No quería casarme y tener hijos, como las otras muchachas en Guatemala, tenía que escapar la violencia de allá. Mis sueños eran vivir con mis hermanos en Carolina del Norte, trabajar y ayudar a mi mamá y mis hermanas.

Cuando me agarraron en la frontera sentí que mi sueño se había terminado. Me dije, *Si me deportan, no sé qué será de*

Cuando me detuvieron, el destino me llevó por otro camino que no pude imaginar y me cambió la vida.

mí—yo seré destruida si regreso a Guatemala. Cuando me detuvieron, el destino me llevó por otro camino que no pude imaginar y me cambió la vida. Vine a los Estados Unidos

A letter to Layla and Marcos, my parents here in the United States:

> You have been the parents of my dreams—thank you for giving me love and affection when I needed it, and for treating me so well. You included me in your life, as part of your family, you cared for me like your daughter. I don't have words to tell you ... you were like angels who had fallen from heaven. After all the suffering and things that had happened to me, you were part of my striving, of my dreams. Before, in Guatemala, I didn't trust people, but with you it has been different. I still can't believe it. You and your sons—my brothers—accept me as I am. You are part of my destiny, of my good fortune, and I love you.

Fulfilling My Dreams

In Guatemala, I wanted to go to school and continue my studies, but I wasn't able to. I wanted to be someone and overcome what had happened to me, and I decided to make a different life. I didn't want to get married and have children, like the other young girls in Guatemala, and I had to escape the violence there. My dreams were to live with my brothers in North Carolina and work and help my mom and my sisters.

When they captured me at the border, I felt like my dream had ended. I said to myself, *If they deport me, I don't know what will become of me—I will be destroyed if I return to Gua-*

When I was caught, destiny took me down another path beyond my imagination and changed my life.

temala. When I was caught, destiny took me down another path beyond my imagination and changed my life. I came

solo para trabajar y vivir con mis hermanos. No esperaba nada de vivir con una familia *foster* que me quisiera, no esperaba nada de seguir con mis estudios y vivir como una niña normal, de tener papeles, de tener más libertad, respeto y oportunidades, de no sufrir por la violencia, o de encontrar tanta gente buena que me apoyara.

Pensando en el futuro, voy a seguir luchando y aprovechando las oportunidades que tengo. Ahora solo estoy enfocada en mis metas presentes. Eventualmente, quiero ir a la universidad y estudiar enfermería. Yo seré la primera persona en mi familia que se ha graduado de la escuela secundaria y que ha ido a la universidad—que tendrá una carrera.

Para mí, esto no ha sido fácil, me ha costado mucho. En un sentido estoy realizando el Sueño Americano, pero una parte de mí—la que más quiero—la dejé en Guatemala. Estoy separada de mi familia allí, del lugar donde nací. He tenido que acostumbrarme a una cultura completamente diferente y a nuevas personas, he tenido que determinar mi propio camino. Ha sido duro, pero vale la pena.

to the United States only to work and be with my brothers. I had no hopes of living with a foster family that would love me, I had no hopes of continuing with my studies and living like a regular girl, of having papers, of having more freedom and respect and opportunities, of not suffering from violence, or of finding so many people who would help me.

Thinking about the future, I am going to keep on fighting and taking advantage of the opportunities that I have. Right now I'm only focused on my present goals. Eventually, I want to go to a university and study nursing. I will be the first person in my family who has graduated from high school and gone on to the university—who has a career.

This hasn't been easy, it has cost me a lot. In one sense I'm achieving the American Dream, but a part of me—the part that I love the most—I left in Guatemala. I'm separated from my family there, from the place that I was born. I've had to get used to a completely different culture and to new people and have had to determine my own path. It's been hard, but it's worth it.

V

Finalmente, He Contado Mi Historia

Finally, I Have
Told My Story

Desde que yo era una chica de trece años, he querido contar mi historia. Cuando lloraba en mi casa en Guatemala, imaginaba que mi casa era un testigo de mis sufrimientos, y que un día ese lugar hablaría de lo que me había pasado. Quería expresar todo lo que sentía—cómo yo lloraba por la separación de mis papás o por el abuso y maltrato que recibía, y por mi falta de educación. No pensaba en incluir mis sueños en mi historia—solo pensaba en lo que sufría.

Cuando vine a los Estados Unidos se me olvidó la idea de contar mi historia. Después, en Filadelfia, escuché las historias de otros jóvenes que vinieron aquí, como Marcelo y Domingo y otros en La Puerta Abierta, y eso me dio mucho ánimo—*Yo tengo una historia similar a la que ellos están contando.* Y decidí que tenía que contar mi historia. Era muy importante para mí porque hay muchas personas que no se pueden expresar, que no tienen la oportunidad de con-

Es mi historia, pero también es la historia de los demás que han venido a este país.

tar su historia, que han sufrido como yo. Es mi historia, pero también es la historia de los demás que han venido a este país.

También, estoy contando mi historia para la gente aquí en los Estados Unidos que no saben nada de la vida de los inmigrantes—la pobreza, la violencia y falta de oportunidades en nuestros países, y los riesgos que tomamos para venir a los Estados Unidos para tener una mejor vida y ayudar a nuestras familias. No pueden imaginar cómo vivimos allá, cómo sufrimos, cómo tratamos de superarnos y

Since I was a thirteen-year-old girl, I have wanted to tell my story. When I cried in my house in Guatemala, I imagined that the house was a witness to my suffering, and that someday it would testify about what had happened to me. I wanted to express everything that I felt—how I cried because of the separation of my parents, or the abuse and torment that I experienced, and my lack of education. I didn't think about including my dreams in my story—I only thought about the ways I suffered.

When I came to the United States I forgot about the idea of telling my story. Afterwards, in Philadelphia, I listened to the stories of other young people who came here, like Marcelo and Domingo and others from *La Puerta Abierta*, and that encouraged me a lot—*I have a story like what they're telling*. I decided that I had to tell my story. It was very important to me, because there are many people who can't express themselves, who don't have the opportunity to

> **It is my story, but it's also the story of all the others who have come to this country.**

tell their story, who have suffered like me. It is my story, but it's also the story of all the others who have come to this country.

Also, I'm telling my story for the people here in the United States who don't know anything about the life of immigrants—the poverty and violence and lack of opportunities in our countries, and the risks that we take to come to the United States in order to have a better life and help our families. They can't imagine how we live here, how we

luchamos con el sudor de la frente para lograr lo que queremos. Espero que las personas que no son inmigrantes vean la gran diferencia entre su vida y la vida de los inmigrantes—que reflexionen un poco y cambien su actitud. Ellos no han sufrido hambre, no han sufrido violación ni maltrato, tienen oportunidades de educación, no viven con el temor de ser arrestados y deportados. Nosotros, los inmigrantes, vinimos para realizar nuestros sueños—quiero que ellos entiendan nuestros sueños.

Posiblemente cuando otros inmigrantes lean mi historia, se van a sentir tristes porque van a recordar su misma historia y sus sufrimientos. Espero que ellos tengan ánimo también, y se sientan muy orgullosos—*¡Wow! ¡Mira todo lo que pasamos, cómo hemos luchado, lo que hemos logrado!* Espero que mi historia les estimule más para seguir adelante, y tener paciencia y fe para lograr sus sueños. También quiero que ellos no olviden de dónde vienen—de sus raíces—y que nunca olviden a sus familias.

Desde que salí de mi casa en Guatemala, he encontrado muchas personas buenas en el camino, personas que me ayudaron. Mi vida ha sido difícil, pero había personas que me daban mucha confianza, y querían saber quién era yo, y me decían, "Te conozco". Ellos me daban mucho ánimo para seguir adelante. Me demostraban cómo yo era, y yo empezaba a darme cuenta, *a lo mejor no soy una mala persona.* Eran como una familia. Empezaron a cambiar mi vida. Cuento mi historia para ellos también.

Al fin, cuento mi historia para que mi familia en Guatemala sepa lo importante que es para mí—nunca los voy a olvidar y siempre los extraño. Cada día me pongo a pensar en ellos, cómo están sufriendo allá y cómo los puedo ayudar.

Me siento tranquila, desahogada, por haber contado mi historia. Todo lo que estaba en mi mente, todo mi sufrimiento y todos mis sueños—mi destino—ahora está guardado en este libro.

suffer, how we try to get ahead and struggle by the sweat of our brow to get what we want. I hope that people who aren't immigrants see the great difference between their life and the life of immigrants—that they reflect a bit and change their attitude. They haven't suffered from hunger, they haven't suffered rape or abuse, they have opportunities to get an education, they don't live in fear of being arrested and deported. We immigrants came to fulfill our dreams—I want them to understand our dreams.

Possibly when other immigrants read my story, they will become sad because they will remember their own story and suffering. I hope they are inspired, too, and feel very proud—*Wow! Look at all that we went through, how we have struggled, what we have achieved!* I hope that my story encourages them to continue onward and to have patience and faith to achieve their dreams. Also, I want them to not forget where they came from—their roots—and to never forget their families.

Since I left my home in Guatemala, I have come across many good people on the way, people who helped me. My life has been difficult, but there were many people who I really trusted, who wanted to know who I was, who told me, "I know you." They gave me a lot of encouragement to continue on. They showed me what I was like, and I began to realize, *Maybe I'm not such a bad person.* They were like family. They began to change my life. I'm telling my story for them, too.

Finally, I am telling my story so that my family in Guatemala knows how important they are to me—I will never forget them, I always miss them. Every day I think about them, how they are suffering there and how I can help them.

By telling my story, I feel at peace, unburdened. Everything that was on my mind, all of my suffering and all of my dreams—my destiny—now are kept safe in this book.

Reconocimientos

Uno de los grandes beneficios del producir un libro tan importante y oportuno como el de Liliana es tener la ocasión de trabajar con personas amantes de las historias y la justicia social, personas dedicadas a proveer a los demás una voz que les permita participar y ser escuchados en los debates que afectan sus vidas tan profundamente, a la vez que nos retan a definir nuestros valores. Por lo tanto, muchas gracias a todos los que han contribuido al nacimiento del libro de Liliana:

El *Working Writers Group* leyó un borrador inicial y proveyó comentarios, discernimientos y preguntas que yo compartí con Liliana, y que nos ayudaron a profundizar y clarificar su historia. Gracias especiales a dos miembros del *WWG*, quienes se me acercaron y me dijeron, "Este libro es muy importante, quiero donar mi tiempo para hacerlo hermoso"—Doug Gordon, quien realizó el diseño interior y la composición tipográfica, y Miriam Seidel, quien diseñó la portada.

Nuevamente tuve el honor de trabajar con el fotógrafo Harvey Finkle-uno de los más estimados de Filadelfia.

Milagros Irizarry leyó, corrigió y releyó la versión española de la historia de Liliana con gran cuidado y perspicacia, mostrando asi nuestro mismo interés en obtener el resultado correcto. Amparo Steptina también corrigió un borrador inicial y ofreció sugerencias para una exploración más profunda.

Lin Backiel y Jon Blazer leyeron borradores de la historia de Liliana y proveyeron importantes comentarios.

Acknowledgments

One of the great benefits of producing a book as important and timely as Liliana's story is the opportunity to work with people who care about stories, about social justice, about giving people a voice so they can be heard and participate in the debates that affect their lives so profoundly and challenge us to define our values. So, many thanks to those who have contributed to the birth of Liliana's book:

The Working Writers Group read an early draft and provided comments, insights and questions that I took back to Liliana and that helped us deepen and clarify her story. Thanks especially to two members of WWG who came to me and said this book is too important, I want to volunteer my time to make it beautiful—Doug Gordon, who did the interior design and typesetting; and Miriam Seidel, who designed the cover.

Again, I had the honor to work with the photographer Harvey Finkle—one of Philadelphia's treasures.

Milagros Irizarry read and proofread and reread the Spanish version of Liliana's story with great care and insight, as committed to getting it right as we were. Amparo Steptina also proofread an early draft, and offered suggestions for deeper exploration.

Lin Backiel and Jon Blazer read drafts of Liliana's story and provided important commentary.

I met Liliana when she first came to La Puerta Abierta, directed by the remarkable Cathi Tillman. Cathi creates a safe and nurturing space for young people who have been

Conocí a Liliana cuando ella llegó a La Puerta Abierta, organización dirigida por la extraordinaria Cathi Tillman. Cathi crea un espacio seguro y favorable a la educación y desarrollo de los jóvenes que han experimentado el mismo viaje que Liliana; ella me invitó a entrar en su mundo, un mundo que transforma las vidas, la mía incluida.

Permanecí por muchas horas en el hogar de Layla y Marcos Luria, la nueva familia de Liliana en Filadelfia. Presenciar la solicitud que muestran los unos hacia los otros y la manera en que cuidan a Liliana, y la manera en que ella forma parte de esa familia, ha sido muy gratificante.

Y, por supuesto, gracias a tí, Liliana. Tu honestidad y valentía, y tu creciente autoestima son una lección para todos nosotros. Debemos escucharte y reflexionar sobre nuestras propias vidas.

Mark Lyons, Editor

También queremos dar las gracias a aquellos cuya labor hizo posible este libro: Kristen Krause, Kristi Johnson, Elizabeth Parks, Zach Barlow, Molly Velazquez-Brown, y Rafaela Evans. Sin sus esfuerzos para mantener la infraestructura de *New City Community Press* enfocada continuamente en su misión, proyectos importantes como este nunca podrían realizarse. Les estamos agradecidos por su compromiso con nuestros objetivos colectivos.

Stephen Parks
Director Ejecutivo
New City Community Press

on the same journey as Liliana, and she invited me into their world—a world that changes lives, including mine.

I spent hours in the home of Layla and Marcos Luria, Liliana's new family in Philadelphia. Watching how they care for each other, for her, and how Liliana is part of the family was a great gift.

And, of course, thank you, Liliana. Your honesty and bravery and growing belief in yourself is a lesson for us all. We should listen to you and reflect on our own lives.

Mark Lyons, Editor

We also want to thank individuals whose labor made this book possible: Kristen Krause, Kristi Johnson, Elizabeth Parks, Zach Barlow, Molly Velazquez-Brown, and Rafaela Evans. Without their efforts to keep the infrastructure of New City Community Press endlessly focused on its mission, important projects such as this one would never be realized. We are grateful, then, for their commitment to our collective goals.

Stephen Parks
Executive Director
New City Community Press

Photograph Credits

Pages 1, 60, 189 (top), and back cover: Harvey Finkle

Page 28: Robert Zilz

Page 113: top, Animal Político, México; bottom, United Nations Trust Fund, Programa Conjunto de Migrantes en Tránsito

Page 114: top, Washington Office on Latin America (WOLA)

Page 115: top, Lawyers' Committee for Civil Rights, San Francisco/John Moore; bottom, Cuba Debate/Ross Franklin

Page 186: top, Molly Schlachter

Page 190: nebarnix

Page 200: Mark Lyons

Working and Writing for Change

Series Editors: Steve Parks and Jess Pauszek

The Writing and Working for Change Series began during the 100th anniversary celebrations of the National Council of Teachers of English (NCTE). It was designed to recognize the collective work of teachers of English, Writing, Composition and Rhetoric to work within and across diverse identities to ensure the field recognizes and respects language, educational, political and social rights of all students, teachers and community members. While initially solely focused on the work of NCTE/CCCC Special Interest Groups and Caucuses, the series now includes texts written by individuals in partnership with other communities struggling for social recognition and justice.

Books in the Series

CCCC/NCTE Caucuses
> *History of the Black Caucus National Council Teachers of English,* by Marianna White Davis
>
> *Listening to Our Elders: Working and Writing for Social Change,* by Samantha Blackmon, Cristina Kirklighter, and Steve Parks
>
> *Building a Community, Having a Home: A History of the Conference on College Composition and Communication,* edited by Jennifer Sano-Franchini, Terese Guinsatao Monberg, and K. Hyoejin Yoon

Community Publications
> *PHD to Ph.D.: How Education Saved My Life,* by Elaine Richardson
>
> *Sueños y Pesadillas / Dreams and Nightmares,* by Liliana Velásquez, edited and translated by Mark Lyons

CPSIA information can be obtained
at www.ICGtesting.com
Printed in the USA
BVOW05s0459061017
496788BV00005B/9/P